沉默的艺术

意识科学基础理论

李剑锋 著

D=|M>⊗|W>

社会科学文献出版社
SOCIAL SCIENCES ACADEMIC PRESS (CHINA)

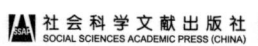

目　录

前　言 / 1

第一章　意识科学导论 / 1
1.1　人类科学思想简史 / 1
1.2　科学的尽头？/ 7
1.3　问题的症结 / 15
1.4　转向科学 / 19

第二章　意识科学的第一大困境 / 24
2.1　困难问题 / 25
2.2　物理学的局限性 / 27
2.3　意识科学第一大困境及可能的解决方案 / 31
2.4　玛丽黑白屋 / 33
2.5　各方对待困难问题的观点 / 35

第三章　意识科学的第二大困境 / 44
3.1　充分理由原则与体验属性的普遍性 / 45
3.2　詹姆斯的组合问题 / 51
3.3　内在属性的不能组合性与
　　　图灵测试的局限性 / 53
3.4　如何走出第二困境 / 58

第四章　意识科学的普遍性理论 / 62

4.1　无时空量子观测者理论的简介 / 63

4.2　基本原则 / 71

4.3　背景时空问题 / 75

4.4　无时空的观测者理论 / 81

4.5　重构物理学 / 98

4.6　体验和现象属性的数学定义 / 104

4.7　显含观测者模型宇宙的模拟计算 / 106

4.8　待解决的问题 / 113

第五章　大脑的基本物理模型 / 115

5.1　意识主体不可分猜想 / 116

5.2　如何稳定意识主体与暂时全同粒子法则 / 119

5.3　大脑的物理模型 / 133

5.4　意识的进化 / 138

5.5　意识相关的计量学 / 142

第六章　意识的生物学基础 / 151

6.1　大脑结构 / 151

6.2　意识的生物学基础 / 158

6.3　意识理论增强机器学习 / 166

6.4　意识协调的神经网络 / 170

6.5　再论自由意志 / 184

6.6　意识科学和人工智能的未来 / 186

目 录

第七章 可证伪的理论预测 / 196
  7.1 可证伪性与两种不同风格的理论 / 196
  7.2 若干可证伪的预测与相关的实验方案 / 198

附录一 意识科学基本定律 / 204
附录二 意识的定义 / 209
附录三 存在的定义 / 214
附录四 数学公理化、集合论与素数分布 / 216
附录五 研究意识的现象学方法论 / 233

前　言

1

中国经过近四十年的改革开放，政治、经济、科技皆取得了巨大的进步，但创新能力仍然不足。因此，近年来国家一直号召鼓励大家勇于开拓创新，特别鼓励在新的领域大胆提出自己的见解与理论；当然，这里有一个前提，提出的科学理论必须可证伪。

2

2016年，笔者参加一个国际大脑意识科学大会，会上许多学者认为在未来二十年里意识研究将会完成从哲学领域转向科学领域的大转身。当时笔者感到既兴奋又沮丧。

感到兴奋，是因为此情境让我联想到了三百多年前的那次激动人心的伟大转身，在伽利略、牛顿等人的努力下，物理学完成了从哲学领域到科学领域的大转身。那次转身的完成是以牛顿提出他的力学理论为标志的。同样，这次意识研究的大转身必然也会以一个大家都认同的、能够经得起实验检验的关于意识的科学理论的提出作为标志。这是一个几百年一遇的大好机会。聪明的人都应该早早地走上台桌，等待着分一份蛋糕。

感到沮丧，是因为当时发现，立在桌子周围的大都是外国人，一千多个参会者中只有三四个中国人。这是因为过去二三十年里，无论国内国外，沾上"意识"，就会被贴上类似伪科学的标签，这种偏见令许多学者只能望而却步，只是最近，国外这种偏见略微少了些。

或许，未来将要发生的这次大转身是中国人在科学领域一展身手的最后机会；虽说科学无国界，但笔者仍希望我们后辈的教科书里能多些中国人的名字。

3

20世纪人类最大的科学贡献或许就是建立了量子力学。量子力学相当神奇，一方面它是人类目前能得到的最精确的理论（比如其对精细结构常数理论的预测极为精确）；另一方面它也是目前仍被一些物理学家认为没有坚实基础的理论。

虽然，以前大家都认为量子力学只要具备强大精准的理论预测能力就足够好了，并认为这已经是物理的全部，以至于有科学家提出我们应该"shut up and calculate"（不争辩埋头算），且得到了广泛的认同；但近些年越来越多的物理学家开始不太认同此实用主义哲学了，并投身于 Quantum Foundation（量子基础）领域。

有些科学家比较乐观，认为诸如退干涉理论和关系量子力学或许能为量子力学建立一个大家都能接受的基础，而且这些理论不需要将观测者真正考虑进来。然而，也有科学家对能否真正为量子力学找到理论基础感到悲观，他们认为若不预先搞清楚观测者的性质，或许无法真正建立量子力学的基础，即需要先建立一个关于观测者的基础理论，当然或许观测者的基础理论本身也是量子力学的基础。

可惜，物理学家除非万不得已，不会去触碰观测者本身，因为他们明白，所谓观测者的理论其实就是一个关于意识如何产生的理论。当然，这或许也是为什么量子力学建立快一百年了，这个数学结构并不复杂的物理理论，却一直找不到合适基础的原因。

那为什么大家会如此害怕去触碰意识这个概念呢？

4

意识或许是人类迄今为止遇到的最为诡异的一个概念：它既熟悉又陌生，离我们最近却又最远；此外，它还是一个既古老又新颖的研究课题。

在任何一个时代，总会有种魔力吸引当时人类最聪明的天才去思考意识的本质，现代亦不例外。比如20世纪，即便许多正统科学家对意识研究下了驱逐令，然而，还是有许多物理天才不顾禁令，"偷偷地"思索其本质。

然而，意识真正的神奇之处在于，即便这个星球古往今来大多天才都提出过各式方案、思路试图理解它，但似乎它有着一层神奇无比的保护层，令人们至今无法真正接近其本质。

似乎，每个时代的天才在意识这个对象面前都在不断地重复着同一轮思考过程：开始时觉得这个问题很有意思，觉得它似乎是可以理解的，觉得自己只要再努力多一点点，就能触碰到它的本质。然后不断地思考各种可能性，试图解开什么是"自由意志"，什么是"自我"的秘密。最后，还觉得自己似乎到达了终点，但在冷静的时候，却发现自己好像仍然在原点，并没有比古人前进多少。

就如梦魇般。

这里，似乎有一股无形的力量阻碍着人们在意识方面的思考取得进展，或许大自然为人类事先就准备好了一个巨大的思维陷阱，历史上和现代无数的天才都掉进了这个陷阱里，以至于有人怀疑这可能是大自然精心策划的阴谋。

事实上，之前几乎所有的科学家在思考关于意识的问题时都掉进了坑里，而哲学家的情形反而要好点。大约有一半多一点的哲学家掉进了坑里，四分之一似乎觉察到了坑的存在并试图爬出来，而最后四分之一的哲学家则试图找到坑的位置，想在坑旁边立个牌子，提醒别人。

这最后四分之一的哲学家中，最杰出的一个代表就是查尔默斯，他明白无误地对意识科学中的问题进行了划分，认为在这其中存在简单问题和困难问题两种。简言之，简单问题是意识相关问题中可归结为解释结构与功能或可归结为事物间关系的问题，困难问题是意识相关问题、不能最终归结解释结构与功能的问题。

事实上，之前的天才们也或多或少感觉到了困难问题的存在，但是由于简单问题与困难问题之间存在一类诸如"什么是自我"这样的伪困难问题——这是真正的坑。这些伪困难问题极易被天才们误作为意识研究的核心问题。因此，天才们非常容易滑入此坑去解释"自我指称"这类难题，更致命的是这类伪困难问题或多或少与数学、计算机领域的著名悖论或著名命题有关联。因此，就会有许多天才们试图用罗素悖论、哥德尔不完备定理、停机问题等来启发，以理解意识的本质。当然，最后没人真正成功。

而当查尔默斯在 1995 年明白无误地将简单问题和困难问题间的界线划出来之后，就可以让新的研究者不至于不断地滑入这个陷阱里出不来，或浪费大量的时间与生命在这些伪困难问题上面。

知道问题所在，并不代表能够真正解决问题。本书试图直接提出理论解决这个问题。因此，人们也许会问："为什么你认为你就不会掉进这个坑里而且还能真正解决这个问题呢？"

首先，这得益于查尔默斯的工作，使得笔者自从2009年之后就不再在伪困难问题上浪费任何时间与精力，而是直接面对困难问题。

其次，笔者在物理学里找到了描述不可结构化事物的物理学语言，即找到了谈论困难问题的方法。谈论困难问题的难点在于：困难问题都是不可结构化的，而物理学似乎又只能研究可结构化的问题，但现在又要求用物理学来解决困难问题，这就是意识科学的第一大困境。走出第一困境的关键是要学会维特根斯坦的沉默，他说："凡是能够说的，都能够说清楚；凡是不能谈论的，就应保持沉默。"即能结构化的都能说清楚，不能结构化的就应该沉默。

但沉默不代表什么都不做，关键是如何沉默。这可参考康托在构建集合论时的做法，当时他用到了强大的理论工具：映射。或许我们也可用映射来处理沉默，将不可结构部分映射到其他事物，只要不去描述它即可。而物理学中量子态既包含了可结构化的部分也包含了不可结构化的部分，某量子态在某组基底量子态或本征态下的展开表达是可结构化的，但某量子态自身的本质是什么是不可言说，不可结构化，但可将其映射到某一意识体验上的。这种处理为走出第一

前　言

困境提供了一个突破口，这也是我们仍然能用物理学研究意识的根本原因。

能够谈论它，仍然不代表可真正解决它，况且目前多数学者认为在了解意识的本质或建立意识相关的理论之前，必须首先完全理解大脑工作原理。因此可以想象，若有人在脑科学还没真正开始时就宣称已建立了意识的基础理论，他们认为这不可信。

下面，笔者从两个方面来扭转人们这方面的成见。

首先，大脑的工作原理跟意识的基础理论并不是同一层面的原理。可以想象，外星人也可以有某种智能与意识，他们大脑的原理可能就跟我们的不一样，然而，他们意识产生的原理应该跟地球上意识产生的原理基本一致。这就好像光学原理只有一个，但具体制造天文望远镜的方案有好几种。一个功底深厚的物理学家会对着一台复杂的天文望远镜说，这台望远镜详细的工作原理可能我不懂，但它所用的基本光学原理我非常清楚。

其次，许多学者都认同意识问题相当根本，而通常物理学里有个信念，越根本之事物，其物理逻辑越简单（虽然数学操作可能极复杂）。因此坚持这个信念，找到意识与普通事物之间的物理逻辑，就有可能构建意识或观测者的基本理论。就好像爱因斯坦也相信越根本的事物其物理逻辑越简单，他认为时空和能量（物质）都是非常根本的物理，他猜测时空与能量间物理逻辑应该很简单，即能量（物质）会影响时空的弯曲，而时空会反过来影响物质的运动，然后他就此提出了广义相对论，解释了引力的起源及预测了引力波的存在。

这里需要特别指出的是，本书提出的意识的理论虽大量涉及量子理论，但它与以往的量子意识有根本区别。许多人或许以为本书的理论是另一个量子意识理论，其实不然。一方面之所以起用量子力学不是因为纠缠或波的坍塌，而是因为量子态本身可用于描述不可结构化的体验，之前没有一个量子意识理论注意到这点。另外，之前的量子意识理论从未真正阐述清楚意识体验具体由何产生，但本书的理论非常明确地指出它只能由某种自由度巨大的基本粒子的内在属性或现象属性产生。注意，本书的意识理论认为意识体验并不是一种量子效应，之前的理论似乎都将意识体验归结成一种量子效应、归结成一种物理过程，而笔者认为结构化的物理过程断然不能产生体验本身。最后，在本书的意识理论中，量子力学所起的作用是辅助性的，并不占主导。

下面简要介绍本书主线及各章节的主要内容。

本书主线：先重点介绍阻碍意识研究向科学领域进发的两大障碍，它们分别跟意识科学的困难问题和组合问题相关。然后，再提出三个层面的理论，用于扫除两大障碍，从而为将来的意识科学提供一个坚实的理论基础或一个候选的理论框架。

前 言

  第一章引言通过总结人类思想史的方式引出意识研究，然后探讨现代科学研究的困境，指出它们的困境和意识研究的困境或许都同时指向同一类悖论。这类悖论本质上揭示了构造意识科学基础理论的普遍原则：由于属性只能通过系统间的关系或系统配对来体现，因此若一个系统包含了所有，它便没有属性。在新的哲学法则下，这一类悖论将自动消解。

  第二章将详细介绍什么是意识科学中的困难问题，其定义、起源以及其他学者对困难问题的一些反应——其他学者如何解决困难问题。还会给出若干不同学派对此类问题的整体看法，以及他们如何面对困难问题。

  第三章主要介绍意识科学中的组合问题，即普通物质碎片化的体验属性如何巧妙地组合成高度整合的意识体验？

  以上为第一部分，第二部分是本书的主体部分。

  第四章将给出意识科学一个普遍性的理论，这个普遍性理论从几个简单不容易错的原则出发，借助量子力学的描述语言展开，然后用最大信息获取原则来定义时间和观测者本身，同时也精确地界定了何为体验属性，何为物理属性。它也给出了如何从本理论还原到经典物理学的基本方略，以及目前此理论还有哪些重要的问题急需解决的答案。最后，还在此理论基础上，用计算机模拟构建了一个非常简单的宇宙模型，并尝试通过分裂它来得到可体验时间流逝的观测者和相应意识主体。注意，或许这是人类首次模拟意识产生相关的逻辑结构（注意，是模拟这个逻辑结构，而不是模拟意识本身），这个模拟计算可让读者更为具象地理解笔者提出的意识理论。这一章主要解决了困难问题，使得我们能够从理论上定义和谈论意识体验。笔者不得不在此提醒读者，由于第四章内容较艰深，易让人困顿；但笔者仍希望读者能努力读懂它，因为它是本书核心。

在第四章中，时空一开始并不存在；而在第五章，将假设已经存在时间、空间和普通物质。然后在此基础上，探讨大脑产生意识的可能机理，探讨大脑如何巧妙地运用暂时全同粒子法则，捕获和稳定自由度极高的基本粒子，如何通过基本粒子的体验属性产生意识体验来感受世界万物。若此理论预测被实验证明，那么它便基本解决了意识科学中的组合问题：在此理论中，内在自由度巨大的基本粒子的体验属性本身就是意识，因此无需组合；另外，大脑通过调节前置系统的物理属性，借助全同粒子法则间接地调节意识主体的物理属性，调节它的内在属性，使得意识主体可体验到外面的客观世界。即解决组合问题的关键在于要认识到毋须解决组合问题。此理论是第四章普遍性理论的一个具体化形式，或一个实现方式。

但第五章的理论仍然不够具体，它只回应了意识如何可能的问题，没有回答意识主体如何具体与神经系统作用从而产生体验的问题，以及它能否影响控制

前 言

外界和是否有自由意志等问题。第六章的理论将结合深度学习或人工智能的一些研究成果来初步探讨这个问题。本章将提出一个大脑的最简约模型,这个模型可以模拟一个深度学习网络加上意识的影响,意识将在其中起到协调作用。我们将通过模拟计算,运用识别手写数字来说明意识对这个模型的作用。事实上,第六章部分地回应了"意识的生物学基础是什么?"的问题。

最后一章将讨论一些验证本书的理论预测的实验方案。笔者非常希望从事相关专业的读者读了此书之后能够去验证这些理论预测。

最后,讨论本书的使用方法。

大家可以先大致浏览一下目录与附录,再从第一章开始看起。

喜欢哲学的朋友,可将注意力集中于第二、三、四章,侧重理清其中逻辑。特别是第四章的内容可能会对你们以后的思考有所启发。

喜欢物理学的朋友,可将注意力集中于第四章和第五章。其中若能体会到第四章的理论的妙处,你会发现里面有许多定义得非常好的物理问题值得探究。而第五章提出的大胆的"暂时全同粒子猜想"也可能会触动您的物理神经,这猜想对吗?如果对的话,那么它不就可以同时解决制造量子计算机、捕获暗物质的难题了吗?

喜欢生物学或来自神经科学领域的朋友,可将注意力集中于第六章，里面提出了意识的可能的生物起源，你们或许可从中得到启发，尝试在以后的研究工作中，采用其中提到的思路思考问题，甚至尝试用实验去验证本章的理论假设及预测。

同样，对于来自于人工智能领域和计算机领域的朋友们，你可以在第六章找到你们熟悉的深度学习的代码，或许你也可以在以后的训练学习中尝试将意识的影响加进来。

……

总之，真诚地希望来自不同领域、不同年龄段的朋友们都能从本书中获益。

在此，特别感谢我博士期间的导师杨玉良院士，感谢他的包容和对我研究的支持。诚挚地感谢联科集团的帮助。感谢我家人对我研究的默默的支持。感谢微博上各位网友，与你们的讨论让我获益良多。

第一章
意识科学导论

"仅通过考察一个已经存在的事物，无法得知它是如何产生的，必须回到它诞生之前那个阶段。因此，很难在意识已经存在的世界里了解意识产生的奥秘，必须退回至其还没诞生之前。"

1.1 人类科学思想简史

或许，要在意识科学领域实现从巫师到科学家的蜕变，欣赏一下其他科学领域如何实现此类蜕变是必要的。下面，笔者粗略地描述一下此过程，具体可参考一些专著。

综观各个古文明，天文学都占据着异常重要的位置，因为与之相关的历法直接影响着古人的农业生产。因此他们会花成百上千年，用大量的人力物力去观测天象，从而制定历法。当然，此时的天文学家，同时又是占星家。即使，我们现代人偶尔会用"愚昧"这个词去形容他们的占星、祭祀活动，但无论如何也无法抹去他们在制定历法及一些天象观测方法的积累上，对人类文明做出的巨大贡献。更何况像占星这些活动在当时社会条件下是必需的，它们起到了稳定和黏合整个社会的作用。

天文学和原始的商业活动使得数学作为相对独立的学科逐渐地显现出来。比如，古代数学大都采用天文现象里的周期数作为数位的进制。然后，天文学、商业行为及宗教仪式中的记录活动逐渐发展并规范了文字书写，当然人类的声音语言通常在原始社会就已形成。对于记录手段较为先进的文明，他们的智力和知识积累在稳定时期发生了滚雪球式地提高，因为他们可以较多地将他们的知识记录保存下来，而没有文字的文明，他们的知识积累只能依靠非常有限的口头传授。古希腊的草片纸及他们相对稳定开明的城邦制，使得他们的科学达到了古代文明的巅峰，其他古文明在这个文明面前显得如此微不足道。值得一提的是被罗马帝国烧毁的亚历山大图书馆藏书多达20多万册，这个数量在今天也是不可想象的。

其实，古希腊时期的哲学家和数学家们的活动是人类科学思想史上第二个具有革命性的运动。第一次具有革命性的是：古代人们第一次想到采用超过三的精确的数字去描述一些基本现象，比如记录天数，记录奴隶的数量。而这次，古希腊的亚里士多德、欧几里得、阿基米德等人除了极大地发展了数学，还为后人提供了一种思考自然的方法，并把这种方法在当时的历史和社会技术条件下运用到了极致。一开始，亚里士多德提出了著名的推理逻辑学规范，然后欧几里得的《几何原本》把这种思想运用到了极致，其中公理化的思想极其耀眼，并为后世的数学家提供了典范。古希腊的这些成就把当时的其他文明远远地抛在了后面，可以说现代文明也是古希腊文明的延续。

之后，古希腊文明散落于中亚阿拉伯世界及印度，但他们只掌握了古希腊人的一些实用的数学技巧，并没有真正领会前辈的思想。虽然在保留古希腊的文献上起到了重要作用，他们却不知道这些古籍的价值。幸好欧洲人对这些古籍极其痴迷，看来他们与古希腊人有着同样的智力结构，于是，他们不断地向阿拉伯人索买古希腊著作，以至于后来收藏古希腊典籍成了欧洲上层阶级中的一种时尚。同时，古希腊人的思想也极大地震撼了欧洲人，于是文艺复兴开始了，他们从思想、数学、哲学各方面开始重复古希腊人的结果。这个过程大约只花了一两百年。然后，牛顿和莱布尼茨的微积分可以说是欧洲数学第一次在真正意义上超越了古希腊。当然，微积分中的部分思想仍传承自古希腊，比如，阿基米德就已经知道一些旋转抛物面体的精确体积表达式了。同时，牛顿的物理学也全面超越了古希腊亚里士多德的学说。西欧人的这些成就当然也要归功于他们当时的地理大发现和大量商业活动的展开。

然而，第三次人类科学思想革命的发起者却不是牛顿，而是在他之前的意大利学者伽利略。他意识到应该用实验来检验物理理论，并且，他在一定程度上亲自做了一两个实验。但，更为重要的是，他改变了以往物理学的思考叙述方式。伽利略之前的物理学，大多是语言上的因果关系的阐述，即注重语言解释。现在，伽利略却完全不同，他侧重于物理现象的数学描述，而不是非常关心物理现象的原因。比如，研究物体自由落体运动，他不关心是什么力使物体落下，相反地，他尽可能地记下在下落过程中，每个时刻物体所在的位置。他用当时极其简陋的计时设备得到了著名的自由落体运动关系式：$h = bt^2$。虽然，伽利略的落体运动及抛物运动的研究改进了大炮射击的精度，但他那种只追求数学描述的做法受到了当时许多哲学家们的批判。他们认为伽利略不追问其物理原因，而只追求数学描述的做法是对当时物理哲学的一种背叛。

但，当牛顿把伽利略的做法发挥到极致的时候，伽利略的方式就成了近现代物理学叙述和研究的范式。这种范式的作用是很明显的，在伽利略之前，物理学就有点只可意会不可言传的意味。比如，亚里士多德说物体受到力就会运动，力越大运动越快（注意：后来大家都知道亚里士多德错了），但人们却不知道什么是力，只能模糊地感觉到"力"，也不知道什么是所谓的"运动快"什么是"运动慢"。而伽利略的出现使得物理学变得容易把握了，他用数字来规范这些物理量，数字间的四则运算则部分地代替了物理因果的推理。这样的改变大大提高了物理学的可操作性，其中的物理思考也可以借助已有数学知识中的数学运算而大大加深。后来牛顿的微分方程对多体运动体系的描述是这方面最好的例子。

牛顿和莱布尼茨的微积分也有重要的革命性意义，它是人类第一次较为系统地、规范地处理无限小和无穷的体系。比如，求导就是对无限小的处理，而积分则是本质上对有一定对称性的无数次加和的一种成功操作。虽然，以前阿基米德他们也已经处理过一部分的求导和积分，但是还不能应付求导积分的普遍情况，也没有意识到求导是积分的逆运算。

有人或许会认为爱因斯坦的广义相对论和量子力学是人类科学思想史上的第四次革命，但笔者不这样认为。因为，他们仍然是伽利略忠实的追随者，他们只不过是对牛顿、拉普拉斯、麦克斯韦等人的理论做出了杰出的修正而已。

笔者认为第四次革命仍然发生在数学领域（或许有人会怀疑这一节应该叫数学思想史才对），就是大约起源于19世纪末期结束于20世纪三四十年代的数学公理化运动。公理化运动的前身叫数学严密化运动。一开始，17世纪牛顿他们建立微积分时，由于太仓促，只想着把它运用到力学领域，因此，多少有点丢掉了古希腊人追求数学严密性的传统。牛顿和莱布尼茨的这个史上最大的潜力帖一出炉就引来了无数高水平的水鬼，他们狂灌猛灌了一两个世纪。其中有许多著名的物理学家兼数学家、数学家兼物理学家或数学家，比如欧拉、拉格朗日、柯西、拉普拉斯、傅里叶，等等。到了18世纪末期时，微积分已被填充成了一个无比庞大的数学领域，它囊括了微积分、微分方程、偏微分方程、复分析、变分法，等等。这些水鬼们看到这些成就一个个都笑得不可开交。当然也有意识到问题严重性的水鬼，因为他们知道，虽然这些数学知识用起来很顺手，但问题是他们所依赖的基础却非常脆弱。

于是，18世纪末就逐渐有一批数学家开始了微积分的严密化运动，到了十九世纪中期，他们已经把微积分中的微分积分等一系列定义定理都严格化了，而且普通的四则运算也由群论衍生出来的近世代数来规范了，下面就剩下实数自然数的严密化。其间发生的一件事引起了极大的震动，罗巴切夫斯基、高斯、黎曼等人提出的两种非欧几何被发现它和欧氏几何一样是自洽的。因此，它开始向人们显示，原来一直被认为是纯粹真理的最后避难所的数学，并不一定能反映现实物理；它可能只是人类意识的创造物罢了。当然，另一方面它提醒数学家，数学的严格化不能依赖直观，不能再像古希腊一样用几何来把算术严密化，而应该反过来，用不易受直观影响的算术来把整个数学大厦严密化。

为了阐述实数自然数，康托创造了他的集合论，他发现实数的个数比整数多，而有理数的个数和整数一样多；皮亚杰给出了自然数的公理化描述。至此公理化运动已经展开。

从 20 世纪初开始，希尔伯特领导了这场公理化运动，他们试图把所有的数学理论都形式化、公理化。但三十年代，哥德尔打破了他的梦想，哥德尔不完备定理指出，任何一种形式公理体系必然存在既不能被证明也不能被证伪的命题。至此，亚里士多德的推理三段论告一段落。哥德尔不完备定理和公理化运动指出了人类推理能力所能达到的极限（同时也指出了数学是人类意识的创造物）。

那么，人类是否能理解自己的意识呢？人类除意识之外的其他思维能力也有这样的极限吗？我们期待第五次思想革命的到来。大家别忘了物理学也还没有公理化，当然能否公理化、有无必要公理化也是个问题。我们假设它能被公理化，那这个过程是发生在人类理解意识之前还是之后，抑或是同一过程？目前，笔者趋向于认为这两个过程是同一过程。

1.2 科学的尽头？

虽然，当今世人的眼里，科学技术日新月异，各种高科技的产品广泛普及，电脑移动网络疯狂蔓延，太空技术、纳米技术迅猛发展，这似乎是一派欣欣向荣的景象。但科学家们却日益感觉到自己似乎走到了科学的尽头。因为除了物理学里的爱德华·威藤等一批科学家还在研究像超弦这样的基础理论以外①，其他科学家都或多或少地感觉到自己更多地变成了一名工程师或技术人员了，而不再像前辈们那样每天想着那些振奋人心和令人激动的问题了。他们感觉到他们只能像工程师一样把前人提出的令人羡慕的基础理论一条条地堆砌起来去解决自然界中各类更为具体琐碎的问题，甚至当计算量很大时，还不得不利用电脑辅助计算。这其实就是计算机模拟仿真。比如，现代的生物科学中，科学家们正在运用计算机模拟，帮助理解蛋白质的形成、细胞的形变、生理物质的输送等。但这里面包含的基础理论都是几十年以前就已经确定了的。由于生物体系极其复杂，是自然界进化了上亿年的艺术品，可想而知，在生物体内需要如此模拟的过程数不胜数。而且即便被模拟重现了，也只对应用有所作用，并不能得到什么新的结果。因此，经常有科学家在质疑我们有没有必要用这种方式研究生命体系。其实，这样的工作方式是绝对不会被一个世纪甚至是半个世纪之前的科学家们所接受的，因为，若在以往，这种科学家或许只能被称为工程师。然而，无论如何，这种潮流将继续下去，特别是在中国，数以万计的科学家，甚至于所有的中国科学家都只能进行

---

① 目前有许多人认为弦论由于难以被实验验证，很难成为最终的大统一理论。笔者也不看好弦论。

这种工程式的科学研究。

在有些人的眼里，这是科学的堕落。

这种工程式科学研究的三个要点是：掌握必要的基础理论，运用或创立恰当的统计手段，选择恰当的具体问题。基础理论，如果是最基础的，基本上就是指牛顿力学（相对论）、量子力学和电磁学，当然也包括必需的数学工具，大多数现代科学家都在一定程度上掌握了这些学科。有了这些材料后，科学家们就可以选择合适的问题了，比如大气污染研究、细胞分裂研究等。

运用或创造恰当的统计手段是关键，一个多世纪前，玻尔兹曼就这一点做了出色的示范。他建立了统计热力学这个新的物理学领域，解析了理想气体的物理学行为。但玻尔兹曼无论从何种意义上都不能归为工程式科学家，因为他用统计的思维去处理大量粒子的集体行为，这样的方式是物理学史上最为光辉的思想方法之一。当然他并没有创立新的基础理论，他把牛顿力学运用到微观气体分子上，然后用统计平均的方式得到气体的宏观性质。比如分子运动时会和器壁碰撞，会对器壁产生推力，然后，把所有的推力加起来的平均效果就是气体对器壁的压力。

玻尔兹曼如此成功，相信所有的科学家都对他所取得的成就羡慕不已。

然而，他们中的大多数人并不如此幸运。因为玻尔兹曼的研究体系，虽然粒子数量大，但粒子之间基本上没有相互作用；而他们处理的体系粒子之间会有静电作用或化学键作用，这些复杂性让他们很难得到像前辈一样赏心悦目的结果。因此，他们不得不发展各种方法来处理这些棘手的问题，比如计算机模拟就是一种充满争议的方法。而其中像标度理论、重整化群等都可被认为是这个过程中产生的杰出的副产品。

生物学中的问题更是如此。生物学中的微观粒子的相互作用更为复杂。首先微观粒子多种多样，不像理想气体只有一种，而且微观原子可通过化学键连接成长链——高分子（蛋白质也是种高分子），然后原子与原子之间又有静电和体积排斥作用。这种粒子种类的多样性、粒子间的拓扑关联和静电长程作用使得生物体系的统计极其艰难且不易实施。最终其只能分隔成一小块一小块被分别独立研究。

因此很多人都质疑是否有必要再去搞清楚这些，他们认为只要认识到现在的物理基础加上大量的计算就能重复这样的结果就行了。[①] 但更多的人认为我们已经到了科学的尽头，做科学研究不再是令人激奋的事了，科学家只能陷于这些永无休止的小问题上，或许他们还得感谢这些小问题没有让他们失业。或许当瑞士的加速实验证明了威藤的 M 理论时，就已表明了科学的终结。事实上，自从欧洲加速器大概率地否

[①] 当然，为了治疗疾病或实现人造器官，此类研究仍然是有意义的。但笔者认为将来这些枯燥的、近乎无穷的研究工作将由人工智能代劳。

掉了超对称理论（威藤的 M 理论也是种超对称理论）之后，对有些人来说，这是真正的终结，而且是以一种没有达到终点的方式终结。

但是不是科学真的要终结了或将要终结了呢？在一个世纪之前，即 20 世纪初，科学家们也意气风发地认为科学（物理学）已经很完善了，以后的科学家只要修修补补就行了。然而，当时开尔文爵士眼中的"两朵乌云"却给我们的世界带来了两大物理革命：相对论和量子力学。同样在数学界的数学家们也很乐观地认为数学基础已经建好，但最终一系列悖论的出现和哥德尔不完备定理让世人看到问题不是那么简单。大自然无论何时都是值得尊敬的。

现在一个世纪过去了，数学基础自从哥德尔不完备定理后的进展并不算大，中途产生了像控制论、分形混沌学、模糊数学这些无关大局的数学分支。只有和物理学密切相关的拓扑微分几何引起了最多的关注，而且它也是目前最艰深的一个数学分支。而在自然科学基础方面，大统一理论的强劲的候选者——超弦理论起源于 20 世纪 70 年代，低迷了一段时间后，威藤的 M 理论在 1995 年又让人们看到了它的希望。原来的五种十维的弦理论在十一维里得到了统一，再加上这二十年的发展，超弦理论在形式上已能囊括广义相对论、量子力学和电磁学，成为统一自然界四种力——引力、电磁力和强弱相互作用力的终极物理理论。威藤他们把它称作万物之理（Theory of

Everything），它的唯一缺点就是到目前仍没有得到实验的直接验证（笔者认为此理论最终正确的可能性极小）。也就是说似乎自然科学正在走向尽头，但，我们头上是否仍然飘着些乌云呢？

2004年5月左右，《纽约时报》评出了25年来最具争议的25个重要的科学问题，它们是：

1. 自然科学重要吗？
2. 战争是否终将毁掉一切？
3. 人类能登上火星吗？
4. 人的大脑是怎样工作的？
5. 地心引力到底是什么？
6. 我们能发现传说中的"亚特兰蒂斯"大陆吗？
7. 人体中到底有多少个部分可以移植？
8. 我们应该吃些什么？
9. 下一次冰河纪什么时候到来？
10. 在宇宙大爆炸之前发生了什么？
11. 人类究竟能活多长？
12. 性别是必须的吗？
13. 人类将面临的下一场大瘟疫是什么？
14. 机器人能够有人类的意识吗？
15. 人类为什么睡觉？
16. 动物们比我们认为的还要聪明吗？
17. 科学能够证明"神明"的存在吗？

18. 进化是随机的吗？

19. 生命如何起源？

20. 药物能够使我们更开心、更聪明吗？

21. 我们应该改良我们的基因吗？

22. 地球上有多少种物种就足够了？

23. 当今数学界最重要的问题是什么？

24. 外星人到底在哪里？

25. 超自然现象真的存在吗？

其中半数以上和人类本身相关。但笔者认为其中只有一两个具有本质性的困难：大脑如何工作？机器能否具有意识？因为只有这两个问题才能真正让我们直接怀疑现代物理学是否还有用武之地。而2005年11月10日中国科学院在京举行了《21世纪100个交叉科学难题》出版座谈会，这本书也把脑和意识列于极为重要的位置。2016年5月6~8日，在北京中科院学术会堂举行的"后基因时代的生物物理学"上，笔者受邀作了一个题为"意识科学简介"的报告，呼吁生物物理学家重视意识的研究。

可以说研究意识是个非常独特的行为，因为以前所有的科学理论本质上都从大脑产生，源自我们理性的意识，而现在又要用这些科学方法去研究大脑本身。有人因此就指出，这样试图研究意识是不可能成功的，他们认为这里存在着悖论。也因此，以前研究大脑和意识大多只停留在了心理学和哲学层面，走得更远一点的是以第三者身份研究的认知科学,但它却没有直接去触及真正的意识,它把人类的大脑看成了一个黑匣子。所以,直至今天对意识的研究都还没有全方位提升到科学的高度。以至于,人们认为意识的研究或许永远只能停留在心理学认知层面,任何科学方面的尝试都有可能被嘲笑和敌视,比如克里克只因提出了"人类的意识只不过是一堆微观粒子的运动"这个观点,就不得不用《惊人的假说》来命名他的著作,这"惊人"和"假说"两词,其实可以看出他已做好了随时接受别人挑战的准备。

或许人们从来都没有,也不能回答更本质的问题,我们为什么会有自我"意识"?"意识"为什么是自由自主的?似乎越来越多的人意识到物理基础和数学里没有蕴含"意识"。从人们对计算机发明初期的乐观到后来的失落可以看出,持有这种观点的人愈来愈多,比如英国的物理学家彭罗斯(Penros)就是持有这种观点的代表。他们一部分人相信,革命性的数学物理基础的到来,才能帮助人类理解什么是意识,帮助人类制造真正具有智能的机器人,而更多的人认为人类根本就没办法理解意识和制造意识机器。

读完此书,或许你会对上述问题有自己新的看法。[①]

[①] 另外,笔者认为物理学也没有终结。21世纪的物理学基础将会重建,就像数学在20世纪初重建于集合论之上一样。

1.3 问题的症结

大自然相当奇妙：一些迥异的物理现象或物理过程竟会遵循同样的数学方程。

比如电磁波传播和弦振动这两种如此不同的物理现象竟然遵循数学结构几乎相同的微分方程。

然而，可能更奇妙的是，各个学科最终的难题或悖论竟然会同时指向同一类问题。

让我们先看看各学科有哪些最终的难题或悖论。

数学领域的罗素悖论：在某村庄，理发师宣称只给村里不给自己理发的人理发，那么他应不应该给自己理发呢？如果他不给自己理发，显然他应该给自己理发，因为他不给自己理发；但如果他给自己理发，那么按照他的宣言，他又不应该给自己理发，因为他给自己理发了。故理发师如何做都不对，从而产生了悖论。

数学领域的哥德尔不完备定理：任何形式公理系统都存在既不能被证明亦不能被证伪的定理。

物理学或量子力学中的测量问题：在量子力学中，量子态没被观测时，通常为若干量子态的叠加态，它的动力学可由连续的薛定谔方程描述，通常称为西演化（unitary evolution）；当被观测后，这些叠加态将坍塌成其中某一量子态，而且观测之前并不知道会坍塌成哪一量子态，只是以符合波恩统计的概率坍塌成某一量子态。明显酉演化与波的坍塌极不自洽，这种不自洽性通常被称为量子力学的测量问题。量子力学创立至今将近一个世纪了，物理学家尝试了各种方法去阐释量子力学[①]，但此问题仍悬而未决。

上述难题或悖论虽看起来极不相同，但都与下面的哲学原理（属性公理）有关系。

属性公理：系统的任何属性只能表达成这个系统与**其他系统**的关系的集合，或是这个系统与其他系统组成的配对的集合。这里的**其他系统**不能为原系统的子系统或是与原系统有交集。其中，关系的集合通常称为**物理属性**，而配对的集合称为**内在属性**。

推论1：**若某个系统包含了所有的系统，它将无任何属性。**因为根据属性公理，如果它有属性，只能是它与其他系统的关系，或是与其他系统组成的配对，这显然与原系统已包含所有系统矛盾，因为不存在这个系统之外的其他系统。

现在，用上述属性公理及推论重新审视上述三个问题。

我们先看一下罗素悖论。基于原始集合论（Naïve Set Theory）语言，它可写成以下形式：

令 $R = \{x \mid x \notin x\}$ 那么若 $R \in R \Leftrightarrow R \notin R$ 显然矛盾。

[①] David Wallace, *The Quantum Measurement Problem*: *State of Play*, in Dean Rickles (ed.), The Ashgate Companion to Contemporary Philosophy of Physics. Ashgate (2008).

通俗地讲，就是 R 是所有不属于自身的集合的集合。那么若 R 属于 R 本身，根据 R 将推出 R 不属于 R；反之若 R 不属于 R，则推出 R 属于 R。

当然，罗素悖论已经基本被解决了，现在公认程度最高的 ZFC 集合论（Zermelo – Fraenkel Set theory），可以通过约束原始集合论，使该公理系统不再出现悖论。

在 ZFC 公理系统中，（1）不再允许出现某种性质，使得所有集合都具有这种性质；（2）不允许自己包含自己；（3）它禁止包含所有集合的集合出现（universe set），即不存在包含所有集合的集合。

我们其实可以用上述哲学原则重新理解这三点，（1）若所有集合都具有某种性质，那表明包含所有集合的集合也有此性质，这显然与推论 1 矛盾，因为推论 1 表明包含所有之后不可能有性质。（2）属性公理里指明了属性不能是自己与自己的一种关系，自己包含自己明显是想通过自己跟自己的关系来定义属性。（3）因为在集合论中定义某种集合，显然需要或多或少指明其性质，但据推论 1 包含所有集合又会使得它无任何性质，与之有矛盾，因此，在 ZFC 集合论中不能定义包含所有集合的集合。

我们再来看看哥德尔不完备定理。它只是表明任何公理系统都存在既不能被证明又不能被证伪的定理。但可以将此定理的正或反结论作为新的公理添加至原来的公理系统，再组成新的公理系统。当然即便新的公理系统，仍然存在更新的不能被证明也不能被证伪的定理。即任何公理系统都是"不闭合的"、不完备的。

当然不完备定理对公理系统的损害比悖论对公理系统的损害要小得多。如果公理系统存在悖论，那就表明，存在某些公理系统可定义的命题正反都同时成立，若如此，显然整个公理系统都应被无情抛弃。而不完备仅表明有些命题的成立与否，在目前公理系统下并不确定，这个性质不知道，具有某种无知性。因此，公理系统仍可用，只是让我们感觉不舒服而已。

那它跟上面的属性公理和推论1有关系吗？我们或许可这样理解（只是大致的理解），给定某个公理系统，假设S是它的所有可能命题的集合，并假定所有命题都可在该公理系统下被证明或证伪，这表明这里有某种包含所有的事物的性质是明确的，这与推论1是矛盾的，因为包含所有的事物没有性质。注意这只是说明，不是严格的论证。

最后，测量问题之所以成为问题，很多人认为是没有将环境和观测者包括进来。当然一旦将这些包括进去之后，由于它可能会包含所有，我们同样会面临推论1所描述的情况，并得去处理包含所有但无任何属性的整体，然后再从这个整体出发去重新理解测量是什么。

让我们回到本书的主题。由于我们的意识本身就是我们这个世界的体验者，一定程度上意识可能存在于这个世界上，但似乎又不在其中，因此要研究意识，或许不能仅在意识感知的世界中去寻找，而应该再退后一步，把意识和世界统一起来考虑。然而，一旦这样做了，就会和推论 1 一样，会面临去处理一个包含所有却无任何属性的系统。这种情形其实跟量子力学面临的测量问题没什么区别。

但至少现在我们已经能够隐隐约约地感觉到应该如何面对意识问题了，而且也能感觉到似乎所有的问题都汇聚到了一点，或许这是一条正确的道路。此外，这条路走下去的收获应该是巨大的，如此走下去，我们不但可理解意识，而且可解决量子力学中的测量问题。①

1.4 转向科学

正如前面 1.1 节和 1.2 节所述，16 世纪至 18 世纪初期的欧洲见证了科学诞生的整个过程，也见证了物理学从哲学领域向科学领域转变的伟大历程。

在此之前，关于物理学的研究都仅局限于亚里士多德经院式的哲学讨论；到了 16 世纪，伽利略开始用数学来描述物体的运动，并强调实验的重要性；接着笛卡尔、莱布尼茨和牛顿等学者在肯定伽利略方案

---

① 注意这里的公理化并不是希尔伯特 23 个问题里提到的物理学的形式公理化，这里侧重为物理学找一个坚实的哲学基础。

的同时，都提出了自己对物体运动的哲学及科学上的构想。最终，牛顿的力学三大定律及万有引力，因其在数学上的可操作性及其解释天文观测现象的精确性而被广泛接受，这也标志着现代科学的诞生。

而最近至往后二三十年，我们或许将再次见证一个类似的转变历程——意识研究将在这段时期内逐渐从哲学领域转向科学领域，最终形成所谓的意识科学。意识科学的诞生将以一个大家都能广泛接受的，且能被实验证实的意识基础理论的出现作为标志。在此转变过程中，将出现大量的机遇与挑战。本小节希望简单地介绍一下意识科学研究的现状及存在的问题，旨在给有志于参与到此转变历程的学者提供一些参考，以及为对意识研究感兴趣的学者提供一些有用的信息，或消除一些误解。

我们对意识似乎很了解，因为每个人都有意识，每个人都有鲜活的意识体验；但似乎又最陌生，因为似乎谁也不知道如何准确地定义意识（本书将在第四、五章及附录给出意识较为精确的定义）。事实上，人类很早就开始思考意识相关问题了。人类对意识问题比较系统的思考可溯至16世纪笛卡尔的二元论，此后几乎所有的哲学家都尝试过思考意识相关问题，但进展并不大。而至于将其纳入科学领域这个想法，虽然有些物理学家做过些尝试，但总体而言，无论是哲学家还是科学家都认为这不可能或时机不成熟。

第一章 意识科学导论

20 世纪 90 年代中期,以查尔默斯(Chalmers)为代表的哲学家呼吁我们应直面意识问题,就是希望将其纳入科学领域,同时他们开始举办一年一度的国际意识科学大会,会议起初的名称叫"转向意识科学"(Towards the Science of Consciousness)。该会议至今已经举办了二十多年,2016 年在美国图森的会议上,主办方将会议名称改成了"意识科学"(the Science of Consciousness),意为他们已完成了此转变。但笔者对此表示怀疑,因为笔者认为许多关于意识的问题还未给出答案,在还没有一个大家认可的框架性理论之前,仍不能宣称意识研究已经完成了从哲学领域向科学领域的转变。故,在图森会议上有许多学者就质疑"我们真的完成了这个转变了吗"(Are we there yet)。

当然,过去二十年间,在大量不同领域学者的努力下,意识研究还是取得了巨大的进展。首先,以查尔默斯为代表的哲学家对意识相关的问题进行了分类,认为存在简单问题和困难问题[①],认知科学主要集中解决简单问题,而意识科学主要针对困难问题。其次,研究意识的科学家不再像以前一样,受到其他科学家的排斥,至少人们开始认为他们的研究或许有点道理,这种氛围的改善使得各个领域的科学家愿意

---

① Chalmers D. J., *Facing up to the Problem of Consciousness*, J. Cons. Stud., 1995, 2: 200-19.

涉足意识研究。比如著名的物理家彭罗斯与神经学家哈马洛夫在实验的基础上，提出 OR 还原量子意识理论[1]；又比如 DNA 双螺旋的发现者克里克基于他对视觉的研究提出了他的意识理论[2]；神经学家托诺尼（Tononi）在对大量脑成像数据分析的基础上提出了信息整合意识理论[3]，而大脑成像及各种实验手段的进步也为意识研究提供了大量关于意识的原始数据。再次，法国科学家通过理论模拟分析与实验结合的手段证明了人类意识仍然有自由意志的可能性[4]，让人们看到了用科学实验直接研究意识的可能性。最后，国际上的一系列权威杂志比如 Nature、Neuroscience、PNAS 等开始接受直接研究意识的文章，也表明大家对意识研究态度的转变。

近几年哲学领域对意识的思考也使得意识研究更为靠近科学的门槛，其中看似荒谬的泛心论[5]获得了广泛的认同。但它存在一个严重的问题，即所谓的组

---

[1] Penrose R., *The Emperor's New Mind: Concerning Computers, Minds and the Laws of Physics*. Oxford University Press, 1989.

[2] Crick F. H., *The Astonishing Hypothesis: The Scientific Search for the Soul*. Scribner reprint edition, 1995.

[3] Tononi G., Sporns O., Edelman G. M., *Measures of Degeneracy and Redundancy in Biological Networks*, Proc. Natl. Acad. Sci. U.S.A. 1999, 96: 3257 - 3262.

[4] Schurger A., Sitt J. D., Dehaene S., *An Accumulator Model for Spontaneous Neural Activity Prior to Self-initiated Movement*, Proc. Natl. Acad. Sci. U.S.A. 2012, 109: e2094.

[5] Chalmers D. J., *Panpsychism and Panpprotopsychism*, Forthcoming in a book: Russelian Monism.

合问题,目前种种迹象表明组合问题可能是进入意识科学大厦的最后一个关卡。而笔者最近的理论①似乎原则上可完全解决组合问题,至于最后是否能成功解决,则依赖于未来实验上能否证实该理论的一些预测。

---

① Li J. F., *Directly Facing up to the Hard Problem of Consciousness with a Fundamental Theory of Consciousness*, NeuroQuantology, 2016. Li J. F., *Biological Origin of Consciousness*, 2017.

第二章
意识科学的第一大困境
——困难问题与物理学的局限性

> 通往意识科学的路上有两大障碍。第一大障碍跟困难问题相关，即意识体验不可结构化，而物理学只能研究结构化的事物，那么该如何用物理学研究意识体验？第二大障碍跟组合问题相关，即如何将碎片化的意识体验组合起来，形成我们熟知的具有高度整合性的意识体验。
>
> ——第二、第三章总括

本章将详细介绍何为意识研究中的困难问题，并结合困难问题详细讨论物理学的局限性，引出意识科学的第一大困境。然后，介绍可说明存在困难问题的两个著名论断：玛丽黑白屋论断和可想象性论断。同时将讨论哲学领域对困难问题的回应。

本章主要参考了查尔默斯在 1995 年左右发表的文章《正面意识问题》[1] 中对困难问题的论述。

---

[1] Chalmers D. J., *Facing up to the Problem of Consciousness*, J. Cons. Stud., 1995, 2: 200 – 19.

2.1 困难问题[①]

或许，多数人认为，只有像哥德巴赫猜想、粒子物理里的问题才是困难问题，但 1995 年左右，查尔默斯认为这些都是简单问题，因为人类面对诸类问题时，起码知道应该采用何种方法应对。那么，什么才是查尔默斯所指的困难问题呢？

现在困难问题一般特指意识科学中的困难问题。查尔默斯对意识科学中的问题进行分类，认为大致可分为简单问题与困难问题，其定义如下。

简单问题是指可归结为结构和功能的问题，比如所有认知相关的问题都为简单问题，目前很热的人工智能相关的问题亦为简单问题，又比如视觉原理相关的问题也还是简单问题，因为回答此类问题只需解释视觉过程相关的结构与功能是如何实现的便可。

困难问题是指不能归结为结构和功能的问题。2000 年以后，学界基本认为几乎所有的困难问题都指向对我们意识体验的存在及机理的解释。比如，当我们看到鲜艳的红玫瑰时，红色波段的光子进入我们的眼睛继而触发一系列的神经脉冲，然后我们就有了鲜活的红色体验。注意，我们并没有直接体验到光子

---

① 本节与笔者在百度百科上编写的"困难问题"的词条大致相同。

的属性，光子只是一系列最终激发红色体验的第一个激发环节。在这里有几个问题需要回应：这系列的神经活动等物理过程并不神奇，真正神奇的是这种红色的体验究竟是什么？它是如何产生的？首先，你几乎可以肯定你无法用可结构化的语言将这种体验描述给别人听，特别是给天生的盲人听①；其次，你可隐约感觉到此类体验似乎是一种绝对的事物，即便没有任何参照物，你仍然可以有此体验②；再次，哲学家和许多科学家或多或少已意识到，到时即便将所有神经活动的机理都研究通透之后，仍有极大可能完全找不到意识的半点影子；最后，你会发现，在视觉神经活动过程中，一切活动都可用物理过程来解释，这里面涉及的物理因果关系似乎是闭合的，那为什么还需要多余的意识体验参与其中呢③？

简单问题之所以简单：其实并非"简单问题"就真的很简单，这只是个相对的概念。说它简单只因

---

① 请参考后面关于"玛丽黑白屋"的讨论。
② 这也是为什么笛卡尔等哲学家认为体验本身具有无可辩驳的客观性的原因，而其他事物存在与否则值得怀疑，但怀疑这种体验本身无法被否认，即"我思故我在"。另外，笔者认为鉴于体验具有绝对性，可将所有可能的体验片段本身映射到一组所谓"偏好基底量子态"来解决量子力学中"偏好基底问题"（Prefererred - Basis Problem）。
③ 关于此问题，笔者认为一个世界或宇宙里若没有意识或观测者，这个宇宙将无任何意义或等效于不存在。或者，这样的问题本身就没定义好，本身就是错的，因为它先假设存在一个不需要观测者的客观世界，但事实上不存在这样的世界。

针对此类问题，我们起码知道可能的解决方案。比如要解决视觉机理的问题，我们知道只要将视觉系统的神经关联探讨清楚，并运用相关的物理化学原理，就可以回答此类问题，即便此类问题解决起来有时可能非常繁难。因此，有时"简单问题"也称为物理问题或认知科学的问题。

困难问题之所以困难：与"意识体验"相关的"困难问题"不一样，基本很少人能指出应该如何研究此类问题，因为此类问题不能归为结构、功能和动力学。因此，这其实就相当于宣布"物理学"和"数学"面对此问题时可能无能为力，因为几乎所有物理学能解决的问题皆可归结为"结构"与"功能"（见"物理学的局限性"这一小节），有时"困难问题"也因此被认为是"非物理的"。简言之，困难问题之所以困难是因为面对此问题时，可能连解决问题的思路都没有。

2.2 物理学的局限性

自从 20 世纪罗素发表著作《物质分析》以来，越来越多物理学家逐渐认识到，物理学从不真正讨论物质的本质是什么，不追问物质存在与否，物理学只研究事物间的关系，特别是事物间的数量关系。比如，最近比较热门的量子信息论及关系量子力学就持类似观点。而事物的物理属性本质上都是该事物与其他事物之间的关系的反映,是一种外在属性,而并不是物质的内在属性①。

当然,会有人反对上述观点。因为在许多人眼里,像粒子的质量、电荷等属性就应该是粒子的内在属性,它们不像是粒子与其他粒子之间的关系。

我们以质量为例,论证其不可能是粒子的内在属性②。用反证法,先假设它是粒子或系统的内在属性,不依赖于其他系统。现在,假设此粒子远离任何物质,跟其他物质不存在相互作用或关系,我们再来看看此粒子有无惯性。若质量是粒子的内在属性,即便在粒子完全孤立之时,它仍应有质量或惯性。

为理解的方便,下面将证明一艘完全孤立的宇宙飞船无任何惯性。

惯性的相对性:想象您坐在一飞船里,您和飞船组成的系统与世界完全孤立一天,即在这一天里,世界完全不能从您的这个系统里获得任何信息,您也不能获得世界的任何信息,连引力传递的信息都得不到。此时,问飞船能否有加速运动、转动这些概念。显然不可能有,因为若有加速转动这些概念,那么您就可根据这些加速度来推测出飞船这一天在空间里的

---

① 事实上,罗素认为物质有部分内在属性也属于物理属性,但笔者不赞同此观点。
② 若想在量子场论中讨论质量,难度太大。因此,暂且在经典物理框架下来讨论此问题。

第二章 意识科学的第一大困境

运动轨迹，但明显这个轨迹本质上就包含了世界的信息，因为只有在外面世界里来描述这个运动轨迹，这个运动轨迹才有意义，但这与飞船完全孤立这个前提是违背的。同样，也无所谓的转动。既然无加速和转动的概念，所以此时飞船相对于世界而言无惯性可言。因此，本质上惯性反映的是物体与世界其他所有物体的一种"总体性"的联系。

这就表明孤立于宇宙的飞船，其惯性质量或惯性并没有定义。

同样，完全孤立的粒子的质量也没定义，因为质量本质上是粒子与世界其他物体所有关系的总和。

其他所谓粒子的物理属性都可通过这种方式说明这些物理属性并不是粒子的内在属性。

总体而言，物理学只能研究可归结为关系或结构的事物。

物理学的局限性：物理学的特点，使得物理学只能研究物质的结构与功能。结构的本质是空间、时间数量上的关系，而功能是种因果关系。当然，追根结底，这种局限来源于人类语言的局限性。

要注意，人们在此容易混淆结构化、不可结构化、算法、非算法这四个概念，以至于大部分人认为，意识的本质就是非算法的，只要解释了非算法就解释了意识。笔者认为这种理解值得商榷。下面先给出这四个概念的定义，然后再讨论为什么这种理解是不对的。

结构化与不可结构化：一方面，著名哲学家罗素认为，物理学只能研究事物之间的关系，而这些关系都是可结构化的。而另一方面，当代哲学家查尔默斯认为人类的意识体验并不能最终还原成事物间的关系，因此其存在不可结构化的部分。人类目前所使用的机器包括电子计算机，本质上都只是利用其中的这些关系或结构化的部分来完成一系列的功能，并没有涉及不可结构化的部分。意识科学认为使机器拥有意识体验的前提条件是需要给机器配置可直接产生体验的硬件，而产生体验需要直接利用硬件不可结构化的内在属性，根据一元论，任何物质都具有内在属性[1]，而如何巧妙地操纵物质的内在属性是制造意识机器人的关键。

算法与非算法：将机器人看成具有若干个输入输出，中间是个黑箱子的机器，那么为了实现某种功能，如果中间黑箱子中所需的传统逻辑计算的步骤数目有限，就认为此过程是算法的。若所需步数为无穷或需要非传统的逻辑计算，那么就为非算法。现在有部分学者比如彭罗斯认为量子计算机或量子纠缠可以实现非算法[2]。但要注意，非算法仍然是结构化的；

---

[1] 注意在本书中，内在属性已经特指象属性。
[2] 比如，一个迷宫有无穷多条可能路径，找到出口的概率无穷接近于0。传统算法需要尝试无穷多步方可找到另一个出口；而在量子计算这无穷多条可能路径可同时处于一个叠加态，最终只需要在所有可能出口准备一个观测装置，叠加态便会坍塌到其一个确定的态，这个态就给出了问题的答案。因此，在这个例子中量子计算一步计算就实现了无数步的算法计算，故为非算法。

因此，即使实现了非算法也不能令机器人具有意识和情感，它只能让人工智能具备更高级的智能。

根据上述定义，我们可知，结构化其实分为算法化的结构化与非算法化的结构化，都是结构。而要产生意识必须得有结构化的部分，当然意识也是有结构化的部分的。

总结起来就是，**意识 = 不可结构化的部分 + 非算法化的结构 + 算法化的结构**。注意，这只是一种非常非常粗浅的理解。

意识科学的首要任务是用科学的方法从实验和理论上阐述清楚意识中不可结构化的来源，以及它是如何与我们的客观世界发生联系的。

2.3 意识科学第一大困境及可能的解决方案

综合前面两小节内容，容易看出其中难处。

一方面，根据罗素的观点，物理学只能研究事物之间的关系与结构，即物理学只能研究可归结为结构与功能的物理过程，这是物理学的局限性；另一方面，意识科学的困难问题又恰好是不能归结为结构与功能的问题。这其实就是意识科学的困境，是意识科学要面对的第一个大问题。**任何意识相关的理论都必须直面此困境。**

第一困境表明，困难问题都是不可结构化的，而物理学又只能研究可结构化的问题，但任何科学的理论似乎都必须用物理学来解决。或许走出第一困境的关键是要学会维特根斯坦的沉默："凡能够说的，都能够说清楚；凡不能谈论的，就应该保持沉默。"意即能结构化的都能说清楚，不能结构化的就应该沉默。但沉默并不代表什么都不做，关键是如何沉默才能将不可结构化的部分映射到其他事物？只要不去描述它即可。

物理学中量子态①既包含了可结构化的部分，也包含了不可结构化的部分。某量子态在某组基底量子态下的展开表达是可结构化的，但某量子态自身的本质是什么是不可言说的，是不可结构化的，需将其映射到某一意识体验。相信这种处理为走出第一困境提供了一个突破口，这也是我们仍然能用物理学研究意识的根本原因。

基本而言，**检验一个理论是否解决了第一困境的标准是：**看它有没有从数学物理上明确地给出如何从理论上处理不可结构化的部分的方案，以及它针对不可结构化的部分之间的关系是如何表达的。更直接一点就是：需从理论上指出意识体验属性的对应的理论实体是什么。

第一困境的完整解答过程请参考第四章、第五章内容。

---

① 本书所指量子态不包括表示成密度矩阵的量子态。虽然密度矩阵在物理学中也被称为量子系统的量子态，但它只表达了该量子系统与环境的关系，并没有不可结构化的部分。

2.4 玛丽黑白屋[①]

玛丽的黑白屋与僵尸世界这两个假想实验主要用于说明物理学知识并不包含所有的知识，特别是物理学不包含体验的相关知识。

玛丽黑白屋：玛丽从小生活于黑白世界，她疯狂学习所有关于人类视觉系统方面的物理知识，了解所有视觉形成机理（假设当时神经科学高度发达）。现在问，玛丽能否从这些物理知识推知出看到红色是何种体验？按理，她无法做到。另外，不得不承认"红色体验"是种信息，也是种知识。

这就证明了物理知识不能穷尽所有的知识，物理学也不能用于理解意识体验。现在有些哲学家认为体验不能算知识，甚至有人认为其不包含信息，因此他们认为玛丽黑白屋并不能证明物理学知识不包含所有知识。

笔者不同意这些哲学家的观点，笔者认为体验是种知识，它包含了信息，只是这种信息不能完全被结构化。为什么说它包含了信息呢？因为比如你给玛丽先看黑色，她获得黑色的体验，然后再给她看红色，然后问她这两种体验是否一样，显然她会

[①] 本小节参考了查尔默斯的著作《意识的特征》（*The Character of Consciousness*）。

说不一样，这就表明红色体验包含了信息，虽然这种信息不能以正面描述的方式传递给他人，但我们可用否定的方式证明玛丽从红色体验中获得了某种信息。

可想象性论证（Conceivability Argument）：设想有一个僵尸世界是我们这个世界的一个拷贝，只是里面的人都没有意识。

在僵尸世界的"你"被刀割了一下，神经信号传到大脑，大脑经过一阵演算后，指挥嘴巴发出"啊，好痛"的叫声，只是在此过程中，"你"并没有体验到任何疼痛。

而在我们的这个世界里，发生了同样的事，所有物理过程都一模一样，但不同的是，你体验到了真切的疼痛。

那么这里就有问题了，物理学家们会认为，其实在僵尸世界里，所有物理因果关系都已经闭合，也就是说如果你作为侦探要调查这过程中发生的所有事件，你会发现僵尸世界里的所有的事情都合理，且逻辑上是闭合的。现在，**似乎反而是现实世界的意识体验是多余的**！而为什么我们要有意识体验这个事情，这让我们深深地感到迷茫。另外，为什么大自然要进化出意识，这也让我们百思不得其解[①]。

僵尸世界这个设置其实是用于反对笛卡尔的二元

---

① "意识进化"见第五章。

论（物可作用于心，心亦作用于物，物理世界因果不闭合），而支持所谓的 Type-E 二元论的（物作用于心，心不可作用于物，物理世界因果闭合）。按道理，物理学家会倾向于同意后一学说，因为这样他们就可抛开意识安心做物理了。令人不安的是，后一种学说否认了自由意志的存在。

笔者认为，若所有物理过程都与现实世界一样的话，那么就不存在这样的僵尸世界，即僵尸必然也有意识。原因：若接受所有事物皆有物理属性和内在体验属性的话，如果僵尸世界的"你"在基本粒子层面跟这个世界都一模一样的话，那么，这些基本粒子的内在属性必然会像这个世界里一样组成你的意识。

2.5 各方对待困难问题的观点

为保持本书的完整性，下面给出若干关于世界之看法（此类看法仅供参考）。以下内容基本参考了查尔默斯的文章 *Consciousness and Its Place in Nature*。

本小节主要讨论三个物质主义、两个二元论与一个一元论。

类型 A 物质主义：此物质论认为物理学知识与现象学事实或体验事实（Phenomenal Truths）之间不存在认知鸿沟（Epistemic Gap）。它基本是一种消除主义。基于此，类型 A 物质主义认为不存在困难问题，认为只要解释了所有神经活动及其功能就已经理解了意识本身。不得不说，许多科学家虽然口头上承认存在困难问题，但行动上都有点倾向于类型 A 的物质主义，认为只要能解释神经活动就可以了。

类型 B 物质主义：此物质论虽然承认物理学知识与体验事实之间存在认知鸿沟，但认为两者之间不存在本体论上的鸿沟。他们认为困难问题是存在的，但它可以被还原成某种结构与功能。查尔默斯认为此物质论本质上等同于类型 A 物质主义，因为它最终仍然不承认存在困难问题。或者它相当于一种伪装之后的类型 A 物质主义。

类型 C 物质主义：此物质论承认物理学知识与体验事实间存在本体论上的鸿沟。但同时认为此鸿沟原则上可抹平。特别地，它认为无限的"功能与结构"可近似地趋向于意识体验本身。即

$$\lim_{N \to \infty} \sum_1^N \text{Phys}_k = \text{Cons}$$

查尔默斯认为此论点不够稳定，它既可能退化成类型 A 或 B 的物质主义，也可能退化成类型 F 的一元论。笔者认为此论点不能退化成类型 F 的一元论，即上式不可能成功，即便是无穷的结构与功能堆砌在一起仍然是结构，只不过是非算法型的结构（见 2.2 非算法的定义），而纯粹结构化的事物不可能产生意识体验本身。事实上，许多科学家期望非算法的结构能够产生意识，基本就属于此类型的物质主义。比

如，彭罗斯认为意识的关键之处就在于非算法。

类型 D 二元论：D 在这里代表笛卡尔的意思。在笛卡尔的二元论里，物理世界不闭合。物理状态可以产生意识体验，而意识的状态可反过来影响物理状态，即存在自由意志。故在此二元论中，僵尸世界是不存在的。

类型 E 二元论：此二元论中，物理世界是闭合的。物理状态可以产生意识体验，而意识的状态不能影响物理状态，即不存在自由意志。因此在此二元论中，僵尸世界存在。

关于自由意志，可参考第六章。此处给出一些与实验相关的信息。在 2016 年图森举行的意识科学大会上，法国科学家 Schurger 作了题为 "50 years without free will"（"无自由意志的 50 年"）的精彩报告。1965 年科学家们的一系列实验似乎证实了存在准备动作电位，而 80 年代的实验进一步表明似乎准备电位出现在我们做决定之前，这就证明我们可能并没有自由意志。而 Schurger 2012 年发表于 PNAS 的文章[①]表明，之前证明不存在自由意志的文章的数据分析方法存在严重的问题，他们之前没有分清楚关联与因果关系之间的差别，因此我们仍然有可能有自由意志。但也只是有可能。

---

① Schurger A., Sitt J. D., Dehaene S. *An Accumulator Model for Spontaneous Neural Activity Prior to Self-initiated Movement*, Proc. Natl. Acad. Sci. U. S. A. 2012, 109: e2094.

所以，自由意志的问题很复杂。而对于物理学家而言更是如此，一方面，若不承认存在自由意志，好像无论如何心理上都过不去——人虽有体验，却是一台完全被自然操控的机器。另一方面，若承认存在自由意志，却发现物理世界是不闭合的，也就是说物理学必须最终把意识完全包含进来才能真正解释所有的物理现象，这对物理学家来说也很难接受。

物理学家一方面想维护人的尊严，另一方面又想维护传统物理学的尊严，笔者认为物理学家最终将被迫做出选择，或者届时会由不得物理学家选择。

类型 F 一元论：此一元论认为任何物质都同时具有内在现象属性和外在物理属性。现象属性本质上与意识体验属性无差别，而物理属性是指物质与物质之间的关系。因此意识本质来源于物质的内在属性。显然一元论承认困难问题，且不需要假设两个基本的元素，因此，比较经济。一元论的一个变种就是著名的"泛心论"，笔者在第三章会对其做详细讨论。

其他若干假说：

（下面内容摘抄自笔者自媒体上的文章，另外，参考了查尔默斯的书 *The Conscious Mind*）

注意，下面的假说大多并非成熟的理论，切不可当真；但它们可启发我们更好地思考意识相关问题。

（1）多层嵌套世界假说

此假说在多处出现过，比如笔者的科幻小说

《太阳系简史》、美国著名动画片 *Rick and Morty* 第二季第六集及其他人的学说里。

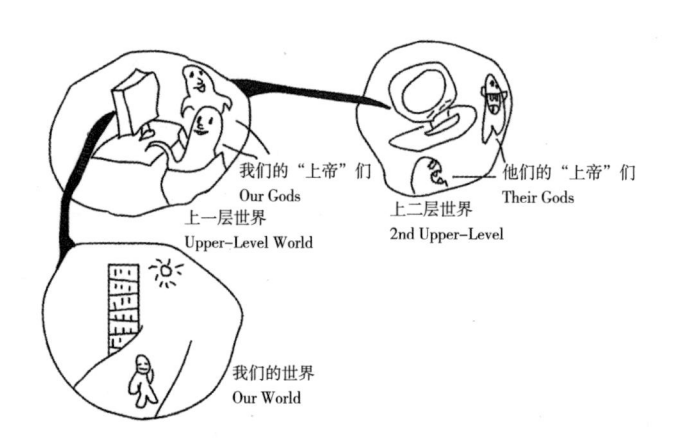

此假说认为：我们这个世界的万物包括意识感知皆是由上一层世界的人们利用他们的计算机模拟出来的，当然还可能出现比他们更上一层的世界。我们看到、触碰到的所有事物皆不存在，这只是上层世界的人们利用他们计算机创造的虚拟世界。更奇妙的是，他们还创造了不计其数的意识粒子，并使得这些意识粒子有规律地与计算机产生的前置系统发生作用，从而产生相应的意识体验，让这些意识粒子误认为存在一个真实的客观世界。

但无论如何，**数字信号本身无法产生意识体验**，它只能激发意识体验。意识体验本身必须由某种物质承担，因此不管哪一层世界，承担意识体验的主体必然最终对应最顶层世界的某种物质，其不可能只是某种数字信号。另外，所有的感知的发生，必然伴随相应的物理过程，根据本书的意识理论，必须有某种前置粒子与意识粒子作用才能产生意识体验。因此，意识其实有真实物质或物理过程的参与，只不过此过程在不同层级世界里被体验成不同的意识感知而已。

甚至，笔者提出了一个比较神奇的循环的层级世界结构，比如 A 世界的上一层是 B 世界，B 世界的上一层是 C 世界，直至最后 Z 世界的上一层又变成 A 世界，没有谁在最顶层。

这个假说与第三个 Matrix 假说（黑客帝国假说）的本质区别在于，此假说中的大脑意识及大脑是由上一层级的世界模拟出来的，而黑客帝国假说中的意识主体与当前世界处于同一层级世界。

（2）无时空的量子假说

此假说由笔者在 2013 年至 2016 年提出（也是本书的主体理论）。此假说认为当把万物都包含进来时，系统存在但不可描述。此系统可分裂成某两个子系统 M 和 W，并将此量子纠缠态按一定方式重排，当重排的序列满足某种要求时，则认为 M 为意识主体，且此序列为时间本身。

然后，从此序列中截取一段时间，并将此段时间的态叠加，我们将此叠加态称为此段时间 M 的意识体验，此时间段 M 与 W 间的联系或密度矩阵称为此时间段 M 的意识体验的结构或体验内容。我们可以将 W 看成是客观世界，同时空间的概念可从密度矩阵中推演出来。

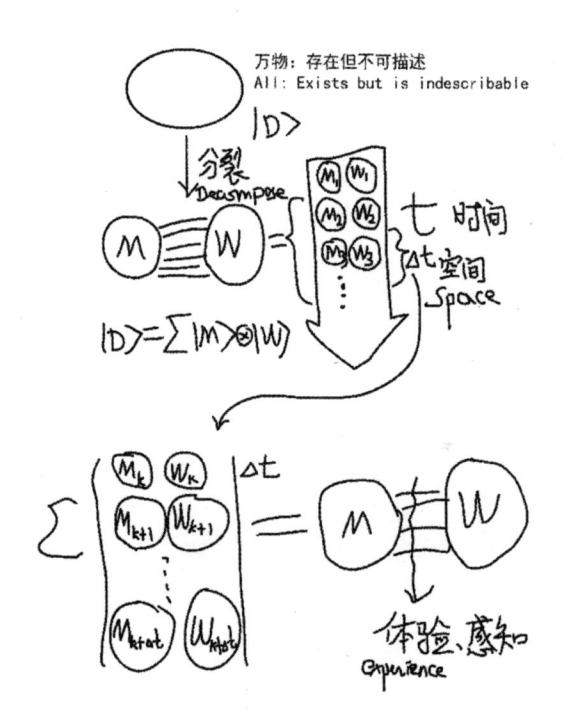

(图示)

万物：存在但不可描述
All: Exists but is indescribable

$|D\rangle$
分裂 Decompose

$|D\rangle = \sum |M\rangle \otimes |W\rangle$

t 时间
Δt 空间 Space

体验、感知 Experience

此假说不否认物理实在，不过物理实在具有一定的相对性；另外，此假说认为讨论历史特别是宇宙大爆炸无意义（当然笔者不否认它的理论意义），因为没有观测者的世界其实是不可描述的，是个存在，有现象性的实在但无物理实在。

（3）黑客帝国假说（Matrix Hypothesis）

在此假说中，一个无肉身的大脑被放置于科学家的试验瓶里，科学家让此大脑与计算机连接，接受一些模拟信号，产生意识体验，让此大脑觉得自己有躯体，并生活在某个年代，就如在真实世界一样。此假说甚至认为我们大家有可能就生活在这样一个黑客帝国世界里。

查尔默斯认为，我们不必认为黑客帝国里的人们生活在虚幻里，因为首先我们可能无法验证自己是否生活在黑客帝国世界里，其次在黑客帝国世界里，意识体验必须由模拟信号来触发，而这在物理上是真实的，至少它表明我们的大脑的确在接受一些实实在在的粒子，只不过这个物理实在反映的不是我们认为的

那样，它实际上反映的是科学家的计算机里的运行状况而已。

在查尔默斯的 The Conscious Mind 中还提到了其他三类黑客帝国假说：New Matrix Hypothesis, Recent Matrix Hypothesis, Local Matrix Hypothesis, Extendible Local Matrix Hypothesis 和 Macroscopic Matrix Hypothesis。

(4) 天才恶魔假说（Evil Genius Hypothesis, EGH）

我有一个无肉体无大脑的意志，一个天才恶魔通过不断地向我的意识输入信号，让我感知外面的世界。

此假说基本与黑客帝国假说等效，只不过在黑客帝国假说里输入的信号粒子是我们日常的感官信号粒子，其需要经过大脑神经系统转化。而在 EGH 假说里，因为无大脑组织，因此输入的信号粒子为前驱粒子（即直接与意识粒子作用的粒子）。

(5) 做梦假说（Dream Hypothesis）

我们一直在做梦，就是这么简单。

(6) 随机性假说（Chaos Hypothesis）

我没有接收到来自客观世界的任何信号。相反地，我只有完全随机的、无因果关系的体验。非常非常巧的是，它们刚好形成了一系列规则的、结构化的意识体验，甚至让我误认为存在这个真实的物理世界。

此假说跟之前的假说都不一样，但原则上仍然存在这种可能性。当然，此假说认为不存在物理实在。

第三章

意识科学的第二大困境

——组合问题与意识的复杂性

> 我们说某种东西能组合,那它必须满足某种标准,但问题是谁来制定这种标准,意识主体不会认同任何"外在"标准。这跟物理学里的浮现现象根本不同。事实上,浮现现象要有意义,需要观测者站在外面为一些现象进行分类和制定标准,对它们进行"组合",无论它们认不认可都可以。但对意识主体而言,情况发生了根本性变化,其他观察者把它跟其他系统进行"组合"是毫无意义的,因为本质上这种"外界"的观测者的任何看法都不能影响意识主体能否跟其他系统进行"组合",因此也不会存在"组合"的标准,除非它从一开始就是不可分的,即无需组合。
>
> ——本章摘抄

第二章明确地指出要解决困难问题就必须明白无误地指出不可结构化的意识体验来源何处?以及如何用物理或数学理论描述意识体验?而这一章讨论的泛

心论可比较经济地、自洽地说明意识体验的来源。当然它并没有给出相应的数学描述，意识体验对应的数学描述参见第四章。

然而，泛心论有一个严重的问题：组合问题。本章将组合问题称为意识科学的第二大困境，并对其进行详细介绍；第五、六章将给出组合问题的可能解答方案，而此套解答方案能否真正奏效，仍有待实证检验。

3.1 充分理由原则与体验属性的普遍性

针对第二章提出的解决困难问题的哲学方案，哲学家首先排除了否定困难问题的观点，因为他们觉得他们的确可以真实地体验到这个世界，因此笔者困难问题明显存在。

至于二元论，他们认为目前还难以排除此类论点，但由于二元论相当于需要分别假设两套完全不一样的基础，不够经济，因此笔者亦倾向于抛弃该类论点。

最终，初看极其荒谬的泛心论（Panpsychism）[①] 反而得到了较多学者的认可。泛心论的最初版本是指世间万物皆有体验，而在当前哲学家的眼里，泛心论

---

① Chalmers D. J., *Panpsychism and Panpprotopsychism*, Forthcoming in a book: Russelian Monism. http://consc.net/papers/panpsychism.pdf.

指的是万物都具有体验属性,但普通物体的体验属性对应的意识体验太碎片化,等于无意识体验,更遑论思维能力。只有复杂到一定程度的物质或系统的意识体验,才具有一定的结构及复杂程度,以至于拥有感情及思维能力等。

故,泛心论本质上没有违反常识。事实上,有人甚至认为泛心论本质上是一类更为彻底的物质论,比如有人就认为泛心论的一个派别"泛原灵论"本质上是一种物质论。

哲学家之所以能够接受泛心论,主要还是被它的逻辑所吸引。它的基本逻辑如下:若承认意识体验由某客观存在的物体或系统产生,那么表明这些存在物的某种属性可以产生意识体验。首先根据上一章的讨论,这种属性不可能是完全结构化的物理属性,因为纯粹结构不可能产生意识体验。不失一般性,将其称为现象属性或体验属性。根据莱布尼茨的**充分理由哲学法则(Principle of Sufficient Reason)**,由于没有充分的理由说明这些存在物与其他普通物质有何本质上的差别,因此,我们只好认为所有存在物都和能产生意识体验的存在物一样具有现象属性或体验属性。即所有的事物都具有体验属性或有意识体验,这就是所谓的泛心论。只是普通物体的意识体验是碎片化的,太过于简单,不能形成结构化的有意义的意识体验。

当然,上面只是一个非常粗糙的论证,查尔默斯在其综述文章①中提供了一个比较详细的论证。

他首先指出物质主义很难回答上一章"玛丽黑白屋""僵尸世界"对物质主义的质疑，即的确存在不能完全由物理所解释的知识。而二元论可回答这个问题。为简单起见我们将"玛丽黑白屋""僵尸世界"对物质主义的质疑统称为"可想象性论证"（Conceivability Argument）

另外，二元论面对的主要难题是：它很难解释现实物理世界中存在的一系列较完美的因果联系，而物质主义可以非常好地解释这些因果联系。

简言之，可想象性论证驳斥了物质主义，支持二元论，反过来因果论驳斥二元论而支持物质主义。

而泛心论综合了物质主义和二元论的优点，可同时通过可想象性论证和因果论证的考验。

具体而言，他认为罗素型构造主义泛心论可以同时解决这两大难题（泛心论分类极多，具体分析见本小节后半部分）。

注意，虽然泛心论看似在理论框架上解决了困难问题，但它并没有走出意识科学的第一大困境，因为它仍然没有明确地告诉我们，应该如何用人类语言或物理学去描述或处理意识体验。

根据查尔默斯的总结，泛心论分类极其庞杂，本

---

① Chalmers D. J., *Panpsychism and Panpprotopsychism*, Forthcoming in a book: Russelian Monism. http://consc.net/papers/panpsychism.pdf.

小节将概要地给出泛心论的分类,更详细的介绍可直接查阅查尔默斯的文章。

在具体讨论分类之前,先给出若干必要定义。

宏体验(macroexperience)是指跟人的意识体验差不多等级的体验,相应的有宏现象学属性。

微体验(microexperience)是指基本物理实体(比如基本粒子)的内在属性。它跟宏体验不一样,但一般认为它可组成宏体验[①]。

罗素型本质(quiddity)是指物理实体(有时不需要有实体)的内在属性,部分的罗素型本质可以产生或表现为物理属性,比如称为"质量"的罗素型本质会起到与"质量"相同的物理作用。部分的罗素型本质与微体验属性相同[②]。

泛心论分成两个大类:泛心论(Panpsychism)和泛原灵论(Panprotopsychism)。

泛心论与泛原灵论的主要区别在于,泛原灵论的构成体验的基元是原现象属性,它不是现象属性,不会有一种 what is like to be that 的性质,但它可组成现象属性。而泛心论的基元本身就是现象属性。

有人会认为泛原灵论等效于物质论,但是,我们可以规定泛原灵论的元现象属性不是结构化属性,并且它

---

① 注意笔者认为体验不可组合。因此,笔者认为并没有宏体验与微体验之说。
② 笔者倾向于认为不存在所谓的罗素型本质,认为所有的物理属性都只能是事物之间的关系。道理见第二章的论述。

可以组成现象属性。这样它就与物质论有本质区别了。

而泛心论又有两种划分方式。

一是根据是否可构建来划分,分为构建主义泛心论(Constitutive Panpsychism)和非构建主义泛心论(Non-Constitutive Panpsychism)。

其中,构建主义泛心论认为宏体验完全或部分基于微体验,或者可以说成宏体验由微体验构成或由微体验实现。但这种构建并不是说宏体验完全基于微体验,因为它可有其他的结构或功能属性。

而非构建主义泛心论则认为宏体验并不基于微体验,也不是由微体验构建而成。比如,有些非构建主义认为某些微体验直接就是宏体验。笔者的意识科学理论跟这类非构建主义有点类似,但在细节上又有所区别。而有些非构建主义则认为存在某些自然法则将微体验与宏体验联系起来,但是它们之间并不存在所谓构建的关系。查尔默斯认为,非构建主义泛心论继承了二元论的许多问题,特别是关于因果律的问题。

泛心论的第二种划分方式根据是否为罗素型来划分。所谓罗素型(Russellian)是指所有基本物理实体都有罗素型本质(Quiddities),其中一部分罗素型本质用于展现物理属性,另一部分跟现象属性相关。因此,实质上所谓罗素型,它主要试图同时回答两个问题,客观世界中现象属性究竟隐藏何处?物理结构背后的内在属性究竟是什么?

而非罗素型泛心论则认为微现象学属性不能直接

起到物理属性的作用。一般人们会认为非罗素型泛心论有个严重的问题，那就是很难解释精神如何作用于物质这个问题。因此，查尔默斯倾向于赞同罗素型泛心论。

笔者则倾向于认同非罗素型泛心论，认为物理属性都只能是事物间的关系，而不是由某种能够产生某种物理属性的罗素型本质产生的。在第二章第二小节，笔者就论证了孤立的系统将无任何物理属性这一命题，这表明用于产生物理属性的罗素型本质不存在。当然，对于如何解释精神作用于物质这个问题，第四、第五章会给出解答。

此两种划分方式组合在一起可以形成四种泛心论：罗素型构建主义泛心论、非罗素型构建主义泛心论、罗素型非构建主义泛心论和非罗素型非构建主义泛心论。而查尔默斯认为在这四种中，罗素型构建主义泛心论最有可能同时解决物质论和二元论面临的问题。而笔者则倾向于认同非罗素型非构建主义泛心论，本书第四章提供的意识理论有点接近非罗素型非构建主义泛心论，但又不完全一样。

同样，泛原灵论也有四种划分：罗素型构建主义泛原灵论、非罗素型构建主义泛原灵论、罗素型非构建主义泛原灵论和非罗素型非构建主义泛原灵论。同样查尔默斯认为这四种中罗素型构建主义泛原灵论最有可能同时解决物质论和二元论面临的问题。同样，笔者倾向于认同非罗素型非构建主义泛原灵论，笔者也认为其比非罗素型非构建主义泛心论更为正确。事实上，笔者的意识理论，所有的微现象属性要么直接成为宏现象属性，要么只能坍塌成等于包含了所有的存在，因此更像泛原灵论，但又不完全相同。

3.2 詹姆斯的组合问题[①]

无论何种泛心论都存在一个致命的问题，这就是所谓的组合问题。通俗地讲，诸如夸克、电子等基本的物理实体的体验如何恰当地组合成我们熟知的人类的意识体验？早在1895年，美国的心理学之父詹姆斯[②]就提出了这个问题。后来这个问题被不断地重新提出或不断地被重新阐释。在这个过程中，这个问题产生了许多变种或更多的分类。比如：

整体性问题：微体验如何组合起来形成一个整体性的意识体验？这里微体验指基本物理实体结构简单的体验，宏体验指跟我们人类体验"规模"相当的体验。

边界问题：微体验如何组合起来形成一个有边界或有限的意识体验？

---

① Chalmers D. J., *The Combination Problem for Panpsychism*. Forth-coming in: Bruntrup G., Jaskolla L., eds. Panpsychism. Oxford University Press.

② James W., *The Principles of Psychology*. Henry Holt, 1895.

调色板问题：这些种类如此有限的微体验（因为基本粒子较有限）如何形成如此丰富的宏体验？

结构不匹配问题：通常在此组合过程中，物理属性组合后的结构与体验属性组合后结构不一定匹配，如何使它们匹配起来？比如，如何使电脑芯片在用电子信号（物理属性）实现 $1+1=2$ 这个物理功能时，芯片的体验属性也能体验到这个过程。

上一小节中提到的几种泛心论都存在组合问题，其中对于构建型泛心论来说，詹姆斯直接说内在属性或现象属性不能组合（具体见下一小节）。而非构建型泛心论虽然直接说微现象学属性可以直接是宏现象学属性，但它存在另一个严重的问题，即如何将微现象属性对应的基本物理实体稳定于我们大脑里？不然，其一旦消失，我们的意识也就消失了。

关于组合问题较全面的综述可以参考查尔默斯的文章。

笔者将组合问题称为意识科学的第二大困境。目前可基本肯定，未来任何靠谱的意识科学理论必须解释如何走出第一大困境，即如何克服人类语言或物理学不能讨论意识体验的难题；而泛心论的意识科学理论，必须同时走出第二大困境，回答微体验如何组合成宏体验，为什么有些物质的体验是碎片化的，有些物质的体验却可像人类意识体验一样高度结构化等问题。

3.3 内在属性的不能组合性与图灵测试的局限性

（本小节内容相当重要，是本书的核心与难点，请读者务必认真理解这其中的逻辑，反复揣摩）

内在属性的不能组合性

先严肃探究"组合"的内涵。大量事物 A，以某种方式放在一起，组成事物 B，我们称事物 B 由事物 A 组合而成。举例，许多砖头等建筑材料可以砌成房子，我们称砖头等建筑材料"组合"成房子。之所以称这些建筑材料组合成房子，是因为它在人类的眼中看来，这个事物可以承担"房子"相应的功能，如果没有人类及外在的评判者的话，这个房子并不能称为房子，这个"组合"也失去了组合的意义，至多这个房子只是建筑材料的某种呈列而已。

这里需要仔细体会下面这个论断："组合"这个概念必须要有外界的观测者才有意义。

现在来考察另一个可能性。假设几名科学家发现若干粒子 {A} 以某种方式构成了一个被称为意识 M 的整体，因为他们发现这个整体满足某种要求或标准[1]。我们似乎可以说粒子 {A} "组合"成了意识

---

[1] 比如托诺尼的信息整体论。

M，这里好像没违背"组合"必须要有外界观测者这个要求。然而这里的问题是，即便世界上只剩下最后一个意识（这是可想象的，此时显然并没有外界的观测者来做出这个判断），可以想象 M 仍然是个意识。它仍可体验外面的世界，但此时却违背了"组合"的基本要求，因为已经没有外界观测者了。唯一的可能是意识并不是"组合"出来的，它本身就是不可分的。

总结一下：我们说某种东西能组合，那它必须满足某种标准（像整体信息论的 PHI 值标准）。但问题是意识主体不会认同任何"外在"标准。这跟物理学里的浮现现象有着根本的不同。浮现现象，须有观测者站在外面对一些现象进行分类，对它们进行"组合"，它们认不认可都可以。但对意识主体，情况发生了根本变化，其他观察者把它跟其他系统进行"组合"是毫无意义的，因为本质上这种"外界"的观测者的任何看法都不能影响意识主体能否跟其他系统进行"组合"，因此也不会存在"组合"的标准，除非它从一开始就是不可分的，即无需组合。

其实，著名的心理学家詹姆斯在 1890 年提出组合问题时就用类似上述的论述方式论证了内在属性或现象属性不可组合。在一些哲学家看来，现象属性的主体间存在鸿沟，无法将不同主体间的现象属性连接起来组合成新的现象属性，即所谓存在主体-主体鸿沟（subject-subject gap）。笔者认为上面的论证已经非常有力地否定了构建主义泛心论。

判断有无意识的标准——图灵测试的局限性

事实上，内在属性的不可组合性对意识研究者而言有着灾难性后果：其表明不存在直接评判一个系统有无意识的客观标准。因为假若有此标准，那么这个标准必然是某个其他观测者或若干观测者制定的一个标准（比如图灵测试），若某系统符合此标准那么此系统就被称为有意识。然而，我们可以想象在一个无其他任何观测者的宇宙里，只有一个你，显然你仍然可以有意识，并不需要其他任何标准来判断，你都必然有意识。不过上面这个说明并不能严格证明不存在客观标准，它需要一个构造性的证明。类似于若想证明平行公理不能用其他四大几何公理证明出来，需要另外构造一个自洽的非欧几何公理体系来证明平行公理无法用其他四大几何公理证明出来。

在下一章，我们将大致提供这样一个构造性证明。首先用莱布尼茨充分理由原则论证任何事物皆有自明的意识体验，然后定义只有能够产生时间流逝体验的事物才能被认定为我们通常意义上的意识。在此理论情境下，如果我们更激进地认为即便产生不了时间流逝的体验之事物也可算作意识的话，那么万物皆有意识，但如此便无需标准了，反正任何物质都有。如果同意只有能够产生时间流逝体验的事物才有的话，那么这个标准需要在时间产生之前开始对事物进行评定。如此，我们会发现这个标准在现实中并无任何可操作性，因此这并不是客观的标准。故我们不可能有直接判断一个系统有无意识的客观标准。

当然我们也不用绝望，解铃还须系铃人，体验的事最终只能用体验来解决。

于是，唯一可行的"标准"是：提出某意识理论，然后基于这种标准或理论设想，制造出一个可捕获你的意识主体的机器脑，让你可同时"体验"你的大脑和这个机器脑，这样你就有可能通过体验来确认该理论的正确性，然后大部分人都通过这种体验确认的方式最终认同这个意识理论。然后再用此理论去判断一些系统有无意识，但注意这只是一种间接判断的方式。本书的终极目标就是提供一个这样间接的判断方式。

综上所述，我们认为图灵测试不可能用于判断一个物理系统是否具有意识，同样，Toroni 的整体信息论也不能用于判断一个物理系统是否具有意识。所有的这些标准最终都会注定被发现存在严重的逻辑漏洞，类似于哥德尔不完备定理。

最后需指出，有生命与有意识体验乃两回事。生命：本质上是个物理学上的定义，其有客观判定标准，即能够有效地利用负熵输入使自身远离平衡且有耗散过程的系统称之为有生命；体验属性或意识：任何物质都有体验属性，是自明的，不需要外面标准进行界定，而能体验时间流逝的物质称之为意识，不存在客观标准能判断一个系统有无意识。

不能组合性的其他论证方式

当然，Goff 在 2009 年还给出了基于类似僵尸世界的可想象性论证。他假设 PP 为所有关于微物理和微现象学事实的集合，Q 是一个宏现象学事实。其论证过程如下：

（1）PP 和 Q 的否命题是可以想象的。

（2）假如（1）是可想象的，那么它是可能的。

（3）假如（1）是形而上地可能的，那么构建型泛心论是错的。

（4）因此构建型泛心论是错的。

在笔者看来上面这个论证反而不能说明构建型泛心论是错的，因为笔者认为（1）可能就是错的。

查尔默斯基本承认存在"主体-主体鸿沟"，认为构建主义泛心论（Panpsychism）的微现象学属性由于也需要"微"主体，因此可能会导致不能组合的困境。他建议可以去考察一下构建主义泛原灵论，在那里微原现象学属性并不需要"微"主体才能产生，因为它不需要"what it is like to be that"的主体性存在。因此这里不存在"主体-主体鸿沟"，但存在"非现象学-现象学转变鸿沟"，他认为第一类鸿沟更严重，因此他倾向于构建主义泛原灵论，认为其正确的可能性大一些，但也不敢确定。最后，他提出一个泛性质论，这里就不再讨论这个观点了。

而对于非构建主义，查尔默斯认为若宏体验直接由一个不可分基本物理主体产生的话,那么就需要说明我们的大脑是如何稳定它的,万一它跑掉了呢?查尔默斯等许多哲学家之所以不认同威廉-詹姆斯的观点,主要就是因为上面这个担忧,而并不是说他们真的从逻辑上驳倒了詹姆斯,他们只是觉得一个单独的"意识粒子"绝无可能被长时间稳定于大脑之中。

而笔者的意见是大自然或许最后更相信逻辑,她会出人意料地找到稳定它的物理方案。

至今,似乎没有谁能真正解决组合问题。当然,如果本书提出的理论以后被实验证明的话,那么可以说本书提供了一个解决组合问题的方案,也可能是唯一的方案。

3.4 如何走出第二困境

正如上一节所述,目前,没有人宣称能真正解决组合问题。甚至有人怀疑组合问题无解。比如詹姆斯认为无法实现所谓的主体的组合(Subject Combination)。例如,如果说 100 个粒子构成了所谓的你自己(即你自己的意识)的话,他认为很难想象这 100 个粒子的"你"如何将第 101 个粒子加进来,进一步构成由 101 个粒子组成的"你"。即他认为不存在完全客观的加和过程,所有的所谓加和或组合只能是观察者认为的组合或加和。这个论证看起来简单,但极其深刻。

而查尔默斯等哲学家认为此论断有问题,值得探讨,当然他们并没有驳倒詹姆斯。至少在笔者看来,詹姆斯的论断可能是对的。另外,笔者很难想象不同基本粒子的体验属性是如何"连通"起来形成更复杂的体验属性的,因为它们存在所谓的"主体-主体鸿沟"。

当然,解决组合问题还有一种方法是放弃组合。比如如果某种不可分的物理实体本身的体验就如人类意识体验一样复杂的话,那么就不用组合了。此类观点通常被称为主导单子论(dominate monad),属于个体泛心论(Identity Panpsychism)的一种。但此类论点面临三个问题,一是如何找到这个基本物理实体能够产生如此复杂的意识体验,根据体验结构与物理结构在基元层次大致一致的原则,那么它的物理结构也应该足够复杂。这虽然不能完全排除,但极难想象。二是即便存在,万一它消失了或不稳定怎么办。三是它作为基本物理实体,它如何感知和体验外面的世界也是个问题。

另外,还有一个被称为量子整体论(Quantum Holism)的个体泛心论版本也无需组合。此论点认为意识主体由一个多粒子构成的量子纠缠系统产生。这个论点主要的问题是量子纠缠在大脑潮湿高温的环境中如何保持稳定。

乍看起来似乎无论如何都无法解决组合问题,无法走出第二大困境了,但笔者最近的理论表明,若将主导单子论和量子整体论结合起来可非常巧妙地同时解决它们存在的问题。

在这个理论中，意识的主体是一个内在自由度极大的基本粒子，其质量可能非常大，此类粒子由于内在自由度巨大而与环境深深地纠缠在一起，局域性差，几乎不可能被孤立，因此亦难以被检测，等于与普通物质无相互作用。

笔者最近发现的暂时全同理论表明，若再准备一个由多粒子组成的量子纠缠系统（这相当于结合了量子整体论），且其总的内在自由度与空间中某个自由度较大的基本粒子的内在自由度大致相等时，它们就有可能暂时全同，即物理属性暂时全同，此时它们有可能发生交换。因此此基本粒子会被交换至多粒子组成的系统所在的位置，而多粒子也会被移走。当然，这样只是将此基本粒子暂时局域化，但并不能稳定它。

在这个意识理论里，可再引入第二个（或多个）同样的多粒子量子纠缠系统来稳定被捕获的内在自由度巨大的基本粒子，具体见第五章内容及笔者的其他文章。

这样，一些内在自由度巨大的基本粒子就可以用来作为意识的主体。多粒子纠缠系统被称为意识前置系统，它用于稳定意识主体，同时由于它的物理属性与此意识主体对应的粒子的物理属性暂时全同，加上它能够比较自由地与外界发生交互作用，因此，意识

第三章 意识科学的第二大困境

粒子可通过将自己的物理属性变成跟前置系统一样的方法来体验外面的世界。同时意识主体（意识粒子）也可通过前置系统将自己的"意志"反作用于外界的。

通过这种方式，笔者的理论其实已经完全解决了组合问题，也走出了意识科学的第二大困境。

当然，我们大脑发生的一切是否真的如上所述，则仍需将来实验的检验。笔者理论提出了几个主要的理论预测（见第七章），若这几个主要的理论预测将来都被实验验证了的话，那么就可基本认为我们的大脑里确实发生了这些物理过程。

注意，上面的论述只是非常泛泛地谈如何走出第二困境，具体详见第四章和第五章。

第四章
意识科学的普遍性理论

"任何属性都只能是系统与系统之间的关系或配对。当一个系统包含了所有,那么它将没有任何属性而变得不可描述。因为若有属性,它必然是此系统与其他系统的关系或配对,但现在已没有其他系统,因为它已经包含了所有。"

"维根特根斯坦说:凡是能够说的,都能够说清楚;凡是不能谈论的,就应该保持沉默。关键是如何'沉默',沉默并不代表什么都不做。而如何沉默是解决'困难问题'的关键。"

——摘自笔者微博@复旦李剑锋-意识科学

本章的理论是意识科学最底层、最基础的理论,它指出了意识跟我们这个客观世界的物理逻辑关系,这个理论实用性不强,但它却给出了意识较为精确的理论定义,为我们思考意识提供了非常强大的理论工具,也为后面两个理论提供了基础。同时它从数学和物理层面较为精确地定义了什么是物理属性,什么是体验属性。本章主要从数学物理层面为解决意识科学第一大困境提供了理论手段,即提供了描述不可结构化的意识体验的数学工具。

由于本章理论难度较大，因此，4.1节首先会较通俗地对整个理论进行概括，虽然笔者想努力做到尽量通俗易懂，但仍需读者认真研读方能真正把握整个理论的思想；4.2节讨论此理论所依赖的哲学原则；4.3节讨论为什么笔者倾向于认为无背景时空，以及该问题与意识研究的关联；4.4节至4.6节真正给出理论详细的数学描述；4.7节给出一个基于该理论的计算机模拟。

本章内容主要摘自笔者发表于 *NeuroQuantology* 杂志上的三篇论文[①]。但要注意虽然彭罗斯等人也在此杂志上发表过论文，但它真不是个好杂志；之所以发表在此杂志上，主要是因为目前几乎找不到接受纯理论分析的与意识相关的杂志。

4.1 无时空量子观测者理论的简介

本章给出的无时空的量子意识理论是一个退得较后的理论，或较基础的理论。

由于此理论较抽象，故这一小节先用较通俗的语

---

① Li J. F., *A Timeless and Spaceless Quantum Theory of Consciousness*, NeuroQuantology 2013 11：431－442；Li J. F., *Directly Facing up to the Hard Problem of Consciousness with a Fundamental Theory of Consciousness*, NeuroQuantology 2016 14：708. Li J. F., *Two Obstacles on the Way towards the Science of Consciousness*, NeuroQuantology 2017 15：84.

言对该理论做些简单梳理。

在做简单梳理之前，先得指出本书的"无时空量子意识理论"与普通的量子意识理论有根本差别，不然读者易误认为本书的理论是彭罗斯的意识理论的一个发展。

一、意识产生的途径完全不同。普通的量子意识理论通常会认为大脑里存在大规模的量子纠缠现象，当量子态坍塌时，意识就产生了。而笔者认为量子态坍塌只是个物理过程，不能产生意识本身，解释意识必须说明意识体验的来源；当然，量子态坍塌跟自由意志有着密切联系（见第六章）。本书第五章的理论也用到了量子纠缠，但其并不直接产生意识本身：量子效应只是用于稳定某种内在自由度极大的基本粒子，然后再用基本粒子的内在属性产生意识体验，因此量子效应在本书的理论中只起辅助作用。

二、使用量子力学的方式不同。之前的量子意识理论用现有的量子力学理论解释意识现象。而本书理论将意识或观测者真正考虑进来，试图重塑量子力学的基础，并不是用量子力学解释意识这么简单。当然，目前我们重塑量子力学基础的努力还没有成功，但我们提供了一个思路。

三、理论的核心部分完全不同。普通的量子意识理论的核心基本就是量子力学理论本身。虽然本书理论有量子这个词眼，但它并不是这个理论的核心，量子力学在这只充当语言叙述工具，这个理论的核心在

第四章 意识科学的普遍性理论

于它处（见附录一和附录五）。

事实上，无论之前的量子意识理论、信息整合理论、克里克的意识理论还是全局工作站理论都没能真正解决困难问题，或没有阐述清楚意识体验具体来源何处。而笔者坚持认为没能直接面对困难问题的意识理论并不是真正的意识理论。据此，故这些理论都算不上真正的意识理论。

笔者认为之前的理论没能真正揭开意识的神秘面纱的真正原因在于，当试图阐明某个事物如何产生时，不能在它已经存在的情境下去探求答案，而应该在它产生之前探求答案。其实就是所谓的"不识庐山真面目，只缘身在此山中"。

当然，是不是应该研究小孩或婴儿的意识体验产生的过程呢。这仍然不可行，因为此过程仍然是其他意识主体体验到的一个事件，此时，意识体验仍然是存在的，笔者的意思要退回至完全无任何意识体验的情境中去。

因此，构建此意识理论时，笔者希望退得后面一点，把意识也包含进来研究，然后再通过分裂此系统把意识还原出来，从还原过程中找到意识产生之法则。

但如此便会出现需要自己将自己拎起来之困境，或是朴素集合论①面对的困境。因为，此时系统之外

---

① 集合论的基础知识见本书附录2。

已经没有任何系统,没有任何观察者。

朴素集合论发现,试图讨论包含所有事物的系统将会出现悖论,因此后来的 ZFC 公理系统禁止出现包含所有集合的集合。但在意识科学里似乎又要求这么做,方能退得足够后。

后来,笔者从罗素对物理哲学的论述和中国道家学说[①]中得到启发。罗素认为物理学只能研究事物之间的关系[②],而老子说"道可道,非常道"。

根据这些启发,可重新定义性质或属性。笔者提出用属性公理来定义属性(也可参见下一节的讨论)。

系统的属性只能是系统与系统间的关系或配对[③],不能是系统与其子系统之间的关系或配对。某系统的**物理属性**是指该系统与其他所有系统的关系的集合,它的内在属性或**现象属性**是指该系统与其他系统的所有可能状态配对的集合。配对与关系的定义可以参考本章后面几节的内容。

另外,只能通过呈现一个系统的属性(物理属性)来描述一个系统。而对于内在或现象属性,只

[①] 虽然坦诚自己获益于道家学说会让人倾向于认为我的学说不够严肃,但我不能因为这个而不提老子的学说。因为我的确受到了他的影响。
[②] 罗素本来的意思是有些物理属性是事物间的关系,而有些物理属性是事物的某种罗素型本质(quiddities)的外在体现出来的作用。不过,笔者坚持认为物理属性只能是事物间的关系。
[③] 配对是将两个系统放在一起,比如系统 A 与系统 B 的配对就是指(A, B)。

第四章　意识科学的普遍性理论

能通过变成内在属性配对的其中一个系统，才有可能通过这个系统直接体验的方式来获得这些内在属性的信息。当然，此处所谓的配对的其中一个系统本身就是接下来提到的意识主体本身。

根据上述属性公理，可得到下面的推论。一个系统 D 若包含了所有系统，这个系统之外无任何系统。那么 D 将无任何属性，它只是个存在，本质上不可描述。因为若 D 有属性，那这种属性只能是它跟其他系统间的关系或配对，而现在 D 已经包含了所有系统，因此 D 无任何属性。

简言之：D 包含所有，是个存在但无任何属性。

若此，故事就已结束。因为这个 D 光秃秃的，无任何属性，无法研究。为了能够继续往下进行，我们稍微折中一下。先假设 D 可写成若干个量子态的叠加，这些量子态暂时可看成是所有意识的平均、一种体验流对应的态；目前这种做法只是一种实用主义的做法，即先这样往下处理，看看最后的结果是否符合预期要求[1]。物理上，可以将 D 看成是宇宙各种状

---

[1] 注意这种做法会遇到所谓的基底函数偏向问题 Preferred-Basis Problem（See J. A. Barrett, *The Preferred-basis Problem and the Quantum Mechanics for Everything*）。在通常的量子力学中，观测量（observables）决定了基函数，同一量子态在不同的观测量中将会得到不同的物理，即有相对性。而在这里，其实相当于假设存在一种绝对的基底函数对应的态，它就是一系列体验本身对应的量子态。因此，│D＞本质就由这样的量子态叠加而成。

态的一种加和。

显然，即便将 D 写成量子态的叠加，它仍然不包含无任何信息，无任何属性；当然，这反而说明此做法合理。

量子力学表明两个量子系统合在一起可组成一个更大的量子系统，这相当于向量的直积。比如，两个电子的自旋自由度各为 2，它们组合在一起可以变成一个自由度为 4 的复合电子系统。

而现在，我们希望反过来操作，希望把自由度为 4 的系统分裂成两个自由度为 2 的子系统，当然，分裂方式并不唯一。

用同样的分裂方式对 D 进行操作，比如把 D 分裂成 M 和 W 两个系统，然后再考察 M 与 W 之间的关系。事实上，我们以 M 为中心来考察 M 与 W 的关系，而这种关系在量子力学语言中只能表达成它们的纠缠熵或密度矩阵，当然只有一个 M 的基底态跟 W 的叠加态形成直积时，它们间的纠缠熵为 0，即 M 本质上不可能获得关于 W 的信息。

因此需要将更多的量子态叠加进来使得 M 尽可能获得更多的关于 W 的信息，但这里不是叠加越多，信息就会越多，因此可能会存在某个极大值，比如当为 k^* 个时极大，往后即便再叠加也不可能增加信息。因此，M 等效于只叠加了 k^* 个基底态，而这些状态配对就是当时的体验片段本身。而往后 M 还会顺沿叠加剩下的态，再产生另一个体验片段。如此产生一系列的体验片段从而构成时间流。

这些有序的体验片段就构成了时间的体验。同时，也可以对 W 进行进一步分裂成诸多小系统，然后通过纠缠熵去定义什么是基本粒子，定义系统间的距离，然后，通过系统间的距离对来重构空间。

注意到，上面说的相邻的体验片段间并不完全独立，它们交叠相当严重，事实上是无法分辨，这就使得一方面空间的信息只能在 k^* 个基底态纠缠的 W 中去获取，另一方面 k^* 个基底态本身的顺序又代表了一定的时间顺序，因此时间与空间就以这种独特的方式纠缠在一起。或许可从这里出发证明时空大致满足洛伦兹对称性。

有了时间体验之后，基本就可认为 M 是个意识了。当然，如果信息量或纠缠熵不存在极大值，这样显然只有当所有 M 的基底态包含进来时，熵才取得最大，但此时系统配对表达式就是 D 本身，显然这个唯一的意识体验片段将无任何意义，故此时 M 无意识。

意识普遍性理论的自洽性或闭合性问题

本章理论的思路可大致表达成：体验 $P \rightarrow \{D_k\} \rightarrow D \rightarrow M + W \rightarrow P'$，并说明体验 P 与 P' 可一一对应（自洽）。第一个箭头表示将所有可能的体验片段或先验的体验流映射到一组量子态基底，第二个箭头表示用此基底可构造一个包含所有的一个量子态，第三个箭头表示通过分裂产生意识主体 M 及其相伴的世界 W，最后一个箭头表示用 M 和 W 来定义 M 的体验流 P'（具体见图 4-1）。

N_d 维量子态 $|D_k\rangle$ 本质上是由所有意识主体的所有可能意识体验片段通过映射的方式构造出来的，然后它们通过叠加生成包含所有系统及存在的量子态 $|D\rangle = \sum_{i=1}^{N_d} C_k |D_k\rangle$，其中系数模平方的大小 $\|C_k\|^2$ 为量子态对 $|D_k\rangle$ 对应的意识体验片段包含信息的多少（可用 4-9 式纠缠熵衡量），这里的系数显然有内部旋转的自由度，或上式可写成 $|D\rangle = \sum_{i=1}^{N_d} C_k e^{i\theta_k} |D_k\rangle$。

假设这 N_d 个量子态 $|D_k\rangle$ 通过分裂产生 $M+W$，M 和 W 所有可能产生有效意识的排列（或意识流）组成的集合为 $\{P_{Mi}\}$，每个排列可产生若干个意识体验片段，所有可能的分裂产生的所有可能排列的体验片段将重新组成一个集合 $\{E_j\}$。

如果我们的理论自洽的话，那么集合 $\{E_j\}$ 与 N_d 个量子态 $|D_k\rangle$ 存在一对一的映射，且有 $S_{E_j} = \|C_k\|^2$，即体验片段 E_j 的纠缠熵等于对应的体验片段 P_k 的信息量。实际数学操作中，可先假设一套初始参数 C_k，再利用此自洽关系求解上面的角度 $\{\theta_k\}$。确定角度之后，便可进一步研究意识主体的基本属性，研究意识主体相伴的世界的特征。

当然，本章中没能真正做到检验其闭合与否。

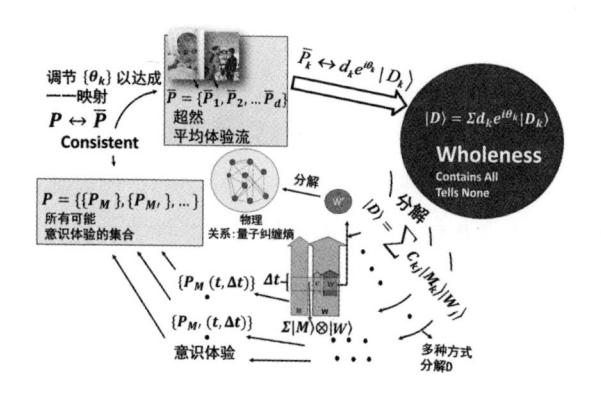

图 4-1 意识的自洽圈

4.2 基本原则

意识如此复杂，或许可从最简单的意识体着手（如果泛心论正确的话）。比如想象自己是个电子，将体验到什么？这类似于 Nagel[①] 提出的：假设我们是只蝙蝠我们将体验到什么？

注意你不能假设已经存在时间空间，这种假设本质上认为作为电子的你已经生存于其他意识所体验到世界里，这样就不是在讨论电子的体验，而是其他意识主体的体验了。而作为电子的你显然体验不到空间时间，或许你只有很少几个简单的体验，永远都这样。对了，这里没有所谓的"永远"，因为时间不存在。

---

① Nagel T., *What Is It Like to Be a Bat?* Phil. Rev., 1974, 4: 435-90.

这个假想实验可让我们看清一个事实，意识主体的复杂性与结构本质上决定了它能体验到事物的复杂性与结构（见附录一）。另外，再极端一点把电子也包含进来，那么这个系统就真的什么都不能描述了。

而本章理论主要就起源于上面的哲学思辨。

先给出三个哲学原则或公理，这是本章理论的出发点。

存在公理：任何**存在**[①]都同时具有内在属性和物理属性。（理由：若存在只有物理属性会非常奇怪，因为物理属性只是一种关系，并没有本体上的实体，很难想象关系自身就可称为存在）

属性公理：一个存在物或系统的属性只能是该系统与其他系统的关系的集合或配对实体的集合，该系统与其他系统不存在交集。其中关系的集合称为**物理属性**，配对实体的集合称为**内在属性**[②]。在后面的讨论可以看到内在属性就是若干系统**量子纠缠态本身**，注意是态本身，存在不可结构的部分。而物理属性则定义成系统间的密度矩阵。注意物理属性只是关系并不涉及本体本身，而内在属性包含本体本身，确切地讲是本体的配对本身。

[①] 关于存在的定义见附录三。注意此处关于存在的哲学定义其实不如附录的清晰。

[②] 注意其实此处的内在属性应该称为现象属性比较合适，因为事实上本书笔者认为系统的任何属性都只能是它跟其他系统的关系或配对，因此没有所谓的"内在"。但为方便起见，笔者仍然把这类现象属性称为"内在属性"。

第四章 意识科学的普遍性理论

最大信息获得原则：意识主体形成的任何一个意识体验片段都试图尽可能多地将对外界的信息包含进来。这个原则的具体含义见4.4节的理论叙述。

由属性公理可推出：如果一个系统包含所有事物，它将无任何属性，也不可描述。因为假设它有属性，这个属性必须是它与其他系统的关系，而现在它已经包含所有，不存在其他系统，因此它不可能有属性。为简单起见，我们把这个系统记作 D。虽然，此系统不可描述，但我们还是可以尝试通过分裂它的方式来研究它。比如，我们通过某种方式将其分成 A 和 B。显然 A 和 B 之间的关系或配对完全决定了 A 或 B 的性质。假设这些关系能够映射到某种数学结构上，我们可将这个数学结构定义为 A 或 B 的**原物理属性**。而配对（A，B）（更准确地说 A 和 B 可能组成状态对的集合 $\{(a_i, b_j)\}$）称为 A 或 B 的**内在属性或现象学属性**。显然配对存在不可结构化的部分就是 A 或 B 的那些状态本身。

假如系统 A 足够复杂，且配对 $\{(a_i, b_j)\}$ 数学上满足某种结构，那么我们就可能在这种结构上定义诸如时间和空间这些概念，在这种意义上，这些配对中的某些子集本身就已经形成了一个意识本身。对于某些复杂程度高的系统 A 而言，这些配对 $\{(a_i, b_j)\}$ 就对应于一系列的意识体验本身。我们可以继续把剩下的系统（W = D − A）进一步分裂成不同的部分，它们之间的关系就可用以确定意识 A 相伴的世界中（W = D - A）各个子系统的**物理属性**。

事实上，**原物理属性**（A 和 W = D - A 的关系）反映的是 A 的体验属性的结构，在这里不需要给出其他意识体的存在。而**物理属性**只能是在已经指定意识主体的情形下才能被定义。事实上，只有物理属性才是物理的，而原物理属性并不是物理的或客观的。

下文中，我们将进一步定义物质的"**引出现象属性**"。"**引出现象属性**"是指当某物质直接与意识主体作用时，意识主体产生的体验属性。因此"引出现象属性"本质上还是意识主体的现象属性。注意，对于普通物质而言，只有其引出现象属性对我们是有意义的，因为我们永远不可能知道它的真正的现象属性。事实上，根据我的意识理论，普通物质的现象属性只是 D 本身，它无法构成意识体验。而且所有的不能形成真正意义上的意识体验的普通物质的现象属性都为 D 本身。

下面再用量子力学的语言严格定义一下何为"存在"或"真实"，这个论题无论在哲学领域还是量子力学领域都非常重要[1]。

存在的定义：若一个系统的状态都可用完整的量子态描述，那么它就是一个真实的存在。

根据此定义，我们的客观世界的事物都是一种**近似的存在**，即不可能用非常"干净利落"的量子态

---

[1] Zeeya Merali, *Quantum Physics: What Is Really Real?* Nature 521, 278 (2015).

表示某个客观事物的存在，因为再孤立，它基本都与环境发生量子纠缠，导致无法真正用一个完整的量子态来描述，只能用密度矩阵的方式来描述（注意在本书中量子态用于特指包含不可结构化的量子态，密度矩阵不属于量子态），它平均掉了环境的影响。

而包含所有的存在是一个**真正的存在**，但此存在无任何属性。

在 4.4 节可看到，每个人的**意识体验片段对应的量子态是完整的**，因此它们根据"存在的定义"都是**真正的存在**。

4.3 背景时空问题

本节将阐述为什么要抛弃背景时空来构建意识理论，然后再尝试用量子力学的语言将上一小节的哲学原则数学化。

背景时空的起源[①]

首先探讨为什么物理学需要背景时空？这里是否

---

① 关于有无背景时空的讨论在物理学界是一个非常严肃的研讨课题。比如对于存在时间与否"基础问题研究院"（Foundational Questions Institute http://fqxi.org/grants/large/awardees/list? year = 2010）在 2010 年举行了一次关于时间本质的论文竞赛，众多著名物理大师参与，最后出版了一本论文集。其中里面多篇论文就试图论证时间为什么不存在？时间如何浮现？

有陷阱？

当下，大多物理学家甚至普通人都认为存在一个独立于物质的、客观存在的背景时空，当这个背景时空没有物质时，就是所谓的真空。

在笛卡尔之前，虽然人们会认为时间是独立存在的，但对是否存在于一个独立于物质的空间则没那么肯定。

而笛卡尔或许是"背景时空"起源的"罪魁祸首"，他引入了著名的笛卡尔坐标架及解析几何。

牛顿发现笛卡尔的坐标架用于描述他的物理哲学简直太方便了，也因此获得了大量的物理发现。而我们可怜的莱布尼茨先生则没那么幸运，他也花了大量的时间去构造他的物理理论，不幸的是他认为不存在背景时空，因为可能他觉得假设存在背景时空，至少需要在充分地论证之后才能采纳（莱布尼茨充分理由哲学法则）。因此，他就构造了一个无背景时空的所谓单子论，后来大家都知道他这方面彻底败给了牛顿。

或许以后会出现无背景时空的物理理论，或许莱布尼茨的部分想法是对，只不过他提早了。故一开始就过分严谨往往会导致理论构建的寸步难行，这也是物理理论构建常出现的问题。哲学正确的物理理论不一定有效；哲学有瑕疵，但能为数学提供巨大操作空间的物理理论往往极其有效。

当然在另一方面，开始极其有效的物理理论往往后来反而会成为一种限制大家理论想象力的枷锁。

后来，马赫等人注意到了莱布尼茨的著作，提取出了相对性原理及继承了充分理由哲学原则，但他似乎并不认可莱布尼茨的无背景时空的想法。

爱因斯坦受马赫影响，重新解释了从电磁学中总结出来的洛伦兹变换，认为它应适用于任何体系，因此创建了非绝对时空的狭义相对论和广义相对论。这两个相对论是整个物理学领域的典范。注意：爱因斯坦的理论仍然假设存在背景时空。

再后来，出现了量子力学，然后量子力学与狭义结合产生了量子场论、标准模型，但科学家们仍不满意，提出弦论，认为相对独立的背景时空可能在局部可高达有 10 维。而在笔者看来 10 维的弦论有些过了：它首先远离实验，其次背景时空存在与否都存在争议的时候，就把物理理论推向了极致，风险其实巨大。极有可能在未来 30 年内弦论会被其他无背景时空的物理理论无情地埋葬，届时它甚至连"过渡物理理论"的身份都得不到。

若莱布尼茨活过来的话，可能会问的一句话是"10 维时空只是个理论构建还是个真实存在？"或许我们可找到不需要背景时空的理论，但能解释同样的实验事实。

当然，根据罗素的想法物理学其实并不回答研究的对象是否"客观存在"，它只研究对象间的关系，然后得到的理论可解释实验即可。

据此，似乎物理理论是否有背景时空并不重要，但是若无背景时空理论除了能重复之前的理论得到的结论之外，还能解释目前理论解释不了的实验现象的话，那么有无时空就变得真的不再重要了。

笔者对这个问题的看法是：背景时空并不是人类固有的直观体验，更不是一种"直接"的物理实在，而是一种经过一两百年时间形成的基于物理理论构建的一种"间接"物理实在。或许目前粒子物理的复杂性正是来自于假设了一个并不存在的事物——背景时空，或许未来会出现一个无时空的物理理论，在这个理论里，粒子物理会显得如此简单，当然在这个理论里，本来简单的描述宏观的物理理论又会显得不必要地复杂。届时，人们知道有背景时空的物理适合描述宏观物理现象，而无背景时空的物理适合描述粒子物理以及下面即将提及的意识。

空间有存在必要吗？

而无背景时空观认为不存在独立于物质的背景时空，认为物质就已经是全部，人类只是根据物质间的相对关系构造出一个虚构的背景时空。

无背景时空的理论需要解释的是为什么我们世界的物质在宏观上看来是在三维的空间里，而不需解释在极其狭小的微观世界里时空有多少维。因为若无背景时空，在小的尺寸里若无物质无粒子，就不需讨论所谓的背景，也没有所谓几维时空。

现在，给一个简单的例子说明上面定义的意义。比如，若整个世界只有两个粒子，那么只能定义它们间的距离①，注意它们并不在什么背景时空下。若有三个粒子，则有三个距离对 a，b，c，根据距离对的关系，我们可以确认的是它们宏观上是一维（共线，比如 a + b = c），还是二维的（a + b > c）。以此类推，比如若有 10 个粒子，那么就有 45 个距离对，若它们给我们的印象是在三维空间里，那么这些距离对就要满足很严格的关系。因此，有时背景空间的维度是一种统计浮现的概念，我们可通过定义距离对然后再研究这些距离对能被放置于几维空间里，从而将空间重新定义出来。

包含所有时，时间消失了

同样，时间也不一定是客观实在，这其实在量子引力理论里面，物理学家就发现似乎时间不存在（见 Wheeler – DeWitt 方程）②，但是可失而复得③。

我们知道量子系统若孤立时或不被测量时，可用薛定谔方程描述，或称它在此时间段进行酉演化

---

① 根据马赫的相对性看法，这个距离也毫无意义，因为只有一个距离，无所谓长短，而无所谓长短的距离是毫无意义的。

② DeWitt B. S. In: DeWitt B. S., Graham N. (eds), *The Many-worlds Interpretation of Quantum Mechanics*. Princeton, NJ: Princeton Univ Press, 1973.

③ Barbour J., *The End of Time: The Next Revolution in Physics*. Oxford: Oxford University Press, 1999.

(Unitary Evolution)，此时间段，它由若干量子态叠加而成；若它与环境作用或被测量后，会坍塌成这些量子态的其中一个量子态。现实中几乎所有系统都不断地交替地经历着酉演化和坍塌这两个过程，使得很难用量子力学写出可完整描述某个系统的动力学方程。

于是，有人就想是否可以将整个宇宙都包括进来，那么它就是个孤立系统了，就可完整写出它的薛定谔方程了，此时它的演化就不会再因为外面环境干扰使其发生退干涉而发生波的坍塌了；确实，此时的确可写出它的薛定谔方程，但代价却是：发现由于它只有酉演化没有波的坍塌，因此，里面各系统间的相对关系其实一直没变，就相当于所有系统都一起在希尔伯特空间中旋转，"相对位置"并没有改变，这本质上等效于什么都没发生，即时间消失了。或者，此时薛定谔方程的哈密尔顿量只可能有一个特征值。本质上，这就等效于 Wheeler - DeWitt 方程。

时空不存在的哲学理解

另外，也可用上一节的"存在公理"来论述可能不存在背景时空。假设存在背景时空那么它必然有物理属性和内在属性，它的物理属性很简单，就是时空与物质间的关系。但若说它有内在属性或现象属性，则有点不太自然，因为很难相信存在一种称为"时空"这样的实在的本体，而且它还有现象属性，注意在一元论中，这种现象属性本质上与意识体验属性无差别，即似乎时空本身也有意识？这不太可能。

但如果有一天能构造出一个不需要假设时空存在的理论，即假设只存在物质，那么该理论能够证明，仅通过物质间的关系就可以把时空重构出来，这说明时空本质上可以只是物质间的关系，并不真正存在，况且假设不存在背景时空符合经济性原则。

4.4 无时空的观测者理论

两种研究方略的比较①

我们构建意识的科学理论可先猜想存在某个意识主体 M 和客观世界 W，然后再考察基于它们能否推演出的意识体验流 P，且与我们的现实相吻合。也可假设还不存在 M 和 W，而退至它们产生之前，探讨它们如何产生。

下面说明只通过构建 W 将无法实现这个方略：假设存在一个 W，其里面包含了所有的意识主体，而且在其中，时间、空间都已经"架好"，我们试图

---

① 本书作者认为如果想真正理解本章的意识理论，需要反复理解下面三段话。

通过研究 W 中某个意识主体 M 对应的物理实体，及它与 W 其他部分的关系来研究意识；问题是在此之前，我们必须回答一个问题，这里所描述的是"谁"眼中的时间，空间，谁眼中的物理实体，无论怎么论证这里必然存在一个所谓"超然"的观察者，但这是不允许的，因为事实上如果存在此类观察者，那么，仍然可以将其包含进 W 来形成新的 W，那么外面就不存在观察者了。有人认为不需要"超然"的观察者也可以对 W 进行描述，并认为以前的物理学就如此假定。事实上，物理学即便是经典的物理学里也存在观察者，只不过这是一种"平均意义"上的观察者，当然平时物理学家可以基本忽略这个观察者的存在，直接讨论"客观世界"；在这里，所谓讨论**"客观世界"，究其本质是在研究"不同的意识体验流包含的信息之间的自洽性"而已**，因为其不追究意识体验流本身如何产生，故不会暴露问题。笔者认为之前几乎所有关于意识的研究大多都是在上面这个框架下进行的，因此，注定最终不能很好地揭示意识的本质。

但到了意识科学时，观察者的选取则不能再用此类"平均意义"的观察者来应付，必须给予严肃对待，不然不可能理解意识本身。因为此时要研究的是意识体验流 P 本身是如何产生出来的，是研究它本身在这个"客体世界"中如何被生成出来，而不再仅仅是它包含的信息之间的关系了。

第四章 意识科学的普遍性理论

整体无所不包但不可言说（Wholeness Contains All But Tells None）

一旦严肃对待时，就需要将意识主体 M 与其相伴的世界 W 一同考虑进来，即定义一个包含所有的系统 $D=(M, W)$。当然，为了保证其客观性，我们可认为 $D=(M_1, W_1)=(M_2, W_2)=(M_3, W_3)=\cdots$ 其中 M_1 是其中一个意识主体，W_1 是与它相伴的世界，在 W_1 中其他意识主体比如 $M_2, M_3 \cdots$ 皆在其中；同样，假设 M_2 是另一个意识主体，W_2 是 M_2 相伴的世界，它们一起也得到同样的包含所有的存在 D。

在本理论中，本质上不存在不依赖意识主体的客观世界，这点上基本跟关系量子力学[①]的哲学是一致的。但存在一个不依赖意识主体的存在，即 D 本身。

因此，这个系统 D 包含了所有，包含所有的观测者，根据上文 4.2 节的哲学原则，它将无任何物理属性。因为物理属性只能是系统与其他系统的关系的总和，而对于 D 而言，现在没有其他系统。当然，它也没有时间和空间。

正如上文 4.1 节指出那样，如此无法进一步讨论 D。故稍折中，假设可以用一个状态 $|D\rangle$ 来表示这

[①] Rovelli C., *Relational Quantum Mechanics*, International Journal of Theoretical Physics 35, 1996: 1637 – 1678

个系统。并假设此状态可在某套"基底函数"$|D_k\rangle$下展开,即:

$$|D\rangle = \sum_{k=1}^{N_d} C_k |D_k\rangle \qquad (4-1)$$

原则上,可用任意一套正交归一的单位向量来展开状态$|D\rangle$,但通常需要这个展开能够给后面的理论构建(下面的分裂)带来方便。有时可以将这套正交单位向量(相当于基函数)看成是所有意识主体的意识体验流 P(见图1),一种平均的体验流(或称为"先验体验流")对应的向量,数学操作上,可将这套基底向量看成所有可能的体验片段的对应体,而其中前面的系数模平方正比于此体验片段包含的信息的量子纠缠熵大小,即便如此,这个系数仍然有个角度选择的自由度,这个角度将最终由4.1节最后提及的先验体验流 P 与体验流 P' 的"自洽"关系来确定。

不像之前的基底函数依赖于观测者的选取(基底函数一般是某个观测算符的特征函数),这里的基函数具有绝对性,不依赖于任何观测算符;这个绝对性跟体验的绝对性是一致的,或许这与量子力学里偏向基底函数问题(Preferred - Basis Problem)[①]有关。

[①] Galvan B., *On the Preferred-basis Problem and Its Possible Solutions*, arXiv: 1008.3708

第四章 意识科学的普遍性理论

分裂产生万物

若只如此，系统 D 仍不包含任何信息，不具备任何数学可操作性。但可尝试将其分裂成不同的系统，这里的分裂是相对于直积的逆操作。

先看直积。假设有两系统，它们的状态分别可用两维和三维的希尔伯特空间下的向量表达，$|A\rangle = |a_1\rangle + 2|a_2\rangle$ 和 $|B\rangle = 3|b_1\rangle + 2|b_2\rangle + |b_3\rangle$（没归一）。如果它们没有纠缠在一起，那么它们的复合系统可以表示成 6 维希尔伯特空间下的向量：

$$|A\rangle \otimes |B\rangle = (|a_1\rangle + 2|a_2\rangle) \otimes (3|b_1\rangle + 2|b_2\rangle + |b_3\rangle)$$
$$= 3|a_1\rangle \otimes |b_1\rangle + 2|a_1\rangle \otimes |b_2\rangle + |a_1\rangle \otimes |b_3\rangle +$$
$$6|a_2\rangle \otimes |b_1\rangle + 4|a_2\rangle \otimes |b_2\rangle + 2|a_2\rangle \otimes |b_3\rangle$$
$$= 3|D_1\rangle + 2|D_2\rangle + |D_3\rangle + 6|D_4\rangle + 4|D_5\rangle + 2|D_6\rangle$$

显然，此时 A 与 B 的纠缠熵为 0。

纠缠熵的计算步骤

量子态 $\qquad |C\rangle = \sum_{j}^{n_B} \sum_{i}^{n_A} c_{ij} |A_i\rangle \otimes |B_j\rangle$

密度算符或矩阵 $\qquad \rho_{ij} = \sum_{k}^{n_A} c_{ki} c_{kj}^*$

纠缠熵 $\qquad S = -\text{Trace}[\rho \ln \rho]$

具体求解时，将密度矩阵对角化求出 n_A 个特征值，

然后依右式计算 $\qquad S = -\sum_{i}^{n_A} \lambda_i \ln \lambda_i$

即 n 维系统与 m 维系统直积得到 $n \times m$ 维的复合系统。

而分裂（Decomposition）刚好是直积的逆操作。假设存在一个 6 维的系统：

$$|D\rangle = 3|D_1\rangle + 2|D_2\rangle + |D_3\rangle + 6|D_4\rangle + 4|D_5\rangle + 2|D_6\rangle$$

可分裂成上面两个纠缠熵为 0 的维度分别为 2 和 3 的子系统。但分裂操作并不唯一，也可认为 D 由下面两个相互纠缠的量子系统组成。

$$|D\rangle = 3|E_1\rangle \otimes |F_2\rangle + 2|E_1\rangle \otimes |F_2\rangle + 4|E_1\rangle \otimes |F_3\rangle + 6|E_2\rangle \otimes |F_1\rangle + 2|E_2\rangle \otimes |F_2\rangle + |E_2\rangle \otimes |F_3\rangle$$

此时，E 和 F 间的纠缠熵为 $S = 0.36$（纠缠熵计算见前面，注意特征值或密度矩阵需要归一，即 $\rho_N = \rho/\text{Trace}(\rho)$）。

在本章理论中，D 由 A 和 B 组成还是由 E 和 F 组成并不确定，既可认为它由 A 和 B 组成，也可认为由 E 和 F 组成。因此，在量子力学中实体有时并没有确定的定义，也并非一成不变。

原意识体的产生

事实反复证明，用《道德经》的名句解释科学原理总让人觉得极不靠谱。

但问题是，本章理论在整体风格极其符合"道生一，一生二"的本意；笔者认为不能因为担心被误解而不给老子这个"版权"。

这里"道"是指 Wholeness（意包含所有）D，"一"是指状态 $|D\rangle$，而"一"生"二"是指从状态

$|D\rangle$ 中分裂出意识主体 M 和其相伴的世界 W。具体可参考上面的方法对状态 $|D\rangle$ 进行分裂。

假设 D 的维度 $N_d = N_m N_w$，那么可以尝试将 D 分裂成两个子系统 M 和 W，这将有许多种方案将原来状态 $|D\rangle = \sum_{l=1}^{N_d} C_l |D_l\rangle$ 中的单位向量 $|D_l\rangle$ 分配给系统 M 和 W 或写成 $|D_l\rangle = |M_k\rangle \otimes |W_j\rangle$。这样分配或对应方式总共有 $N_d! \equiv 1 \times 2 \times \cdots N_d$。比如，假设其中一个对应方式为：

$$|D\rangle = \sum_{k=1}^{N_m} \sum_{j=1}^{N_w} C_{kj} |M_k\rangle \otimes |W_j\rangle \quad (4-2)$$

当然，此时 M 的确包含了其对 W 的信息，即可表达成它们的纠缠熵①。但根据我们的日常经验，把所有状态叠加在一起 M 对 W 的感知应该是模糊的。因此，可先天真地假设 M 的基底向量中取出的一个子集，构成的一个排列可形成类似体验流或时间序列。

假设有一个排列为 $P_M = \{M_{I_1}, M_{I_2}, M_{I_3}, \ldots M_{I_n}\}$，其中 $I_i \in \{1, 2 \ldots N_m\}$ 且两两间不重复。为简单起见将此排列直接写成 $\{M_1, M_2, M_3, \ldots M_n\}$，它只是 M 所有状态的一个子集。我们称这个排列为基于 M 的 D 里的一个观测者，在本理论中称为原意识，而

---

① 笔者在 4.7 节的一个简单的模拟中发现，M 与 W 的纠缠熵不能太大也不能太小，这两种情形都对 M 形成对时间的体验流不利。

W 是其相伴的世界。注意,此时该观测者不一定能体验到时间与空间。

最大信息获取原则与时间的产生

重写上述的排列 P_M,只将与其有关联的态包含进来,则式(4-2)可改写成:

$$|D_P\rangle = \sum_{k=1}^{n} |M_k\rangle \otimes \sum_{j=1}^{N_w} C_{kj} |W_j\rangle \qquad (4-3)$$

按通常理解,对每一个 M 的量子态,它都纠缠一个世界状态 $\sum_{j=1}^{N_w} C_{kj} |W_j\rangle$。注意,这个世界状态宏观上不是叠加的,只是微观上有许多叠加态。

但上面的理解有个致命的问题:对一个时刻 k,量子态 $|M_k\rangle \otimes \sum_{j=1}^{N_w} C_{kj} |W_j\rangle$ 中 M 与 W 间纠缠熵为 0,这表明 M 在一个时刻 k 里无法获得关于 W 的任何信息。然而,不可否认,意识体验虽不可结构化,但某一时刻的体验确实包含了信息。(但要注意,据上文 4.2 节"存在的定义"虽然该量子态不是真正的意识体验片段,但它的确是一个真正的存在,因为它已经是一个完整的量子态。)

我们可以尝试将 M 一部分的态叠加进来,比如从 $k = k_1$ 到 $k_1 + \Delta k$ 叠加进来,形成下面的量子态。

$$|D_P(k_1, \Delta k)\rangle = \sum_{k=k_1}^{k_1+\Delta k} |M_k\rangle \otimes \sum_{j=1}^{N_w} C_{kj} |W_j\rangle \qquad (4-4)$$

此时 M 可获取 W 的一些信息，因为它的纠缠熵不再为 0，而是依赖于 Δk，即 $S_{k_1}(\Delta k)$。按理，Δk 越大，纠缠熵就越大，但这是个量子系统，因此，可能会出现纠缠熵下降的情形，不如假设纠缠熵存在某个极大值，比如当 $\Delta k = \Delta k^*$ 时纠缠熵取得最大值（图 4-2 右上角实曲线）。其物理含义是，当 M 叠加 Δk^* 个态时，获得对 W 信息的最多。

意识体验片段：当（4-4）式量子态的纠缠熵取得极大值时或当 $\Delta k = \Delta k^*$ 时，我们称（4-4）式为一个体验片段。显然它也是一个完整的量子态，据上文 4.2 节"存在的定义"，意识体验片段是一个真正的存在。

当然，可让 M 继续叠加更多量子态进来，但会导致获取的信息更少。比如再叠加进来 2 个态，M 发现这样获取的信息更少，它能做的是将序列中的前几个态去除，使得信息量增加。因此这样就使得体验对应的态会顺延往后推移，从而形成时间序列。

我们可以根据上面的讨论定义时间片段：

$$\Delta t(k_1 + \Delta k/2) = \frac{1}{S^* \Delta k^*} \qquad (4-5)$$

或

$$t(k_1 + \Delta k/2) = t_0 + \sum_{k=0}^{k_1} \frac{1}{S^* \Delta k^*} \qquad (4-6)$$

当然，上面这时间的定义只是个暂时的定义，而物理学中的时间是不是可由上面两式得到仍需论证。

假如纠缠熵函数为单调递增（图 4-2 右上角虚曲线），那么观测者 M 就会将所有态包含进来获取最大熵，这样最终形成的态或体验就是状态 $|D\rangle$ 本身，这等效于它没有任何意识体验，也不能形成时间、空间。

注意，虽然我们对 M 可能的量子态进行了排序，但在某个体验片段内，Δk^* 个 M 的态的顺序并不重要。

下面探讨一下在一个体验片段内，M 关于 W 的信息如何表示。为书写方便，用连续的时间将上述**体验片段**重新写成：

$$|D_P(t,\Delta t^*)\rangle = \int_{\tau=t}^{t+\Delta t^*} C_j(\tau)|M_\tau\rangle \otimes \sum_{j=1}^{N_w}|W_j\rangle d\tau$$

$$(4-7)$$

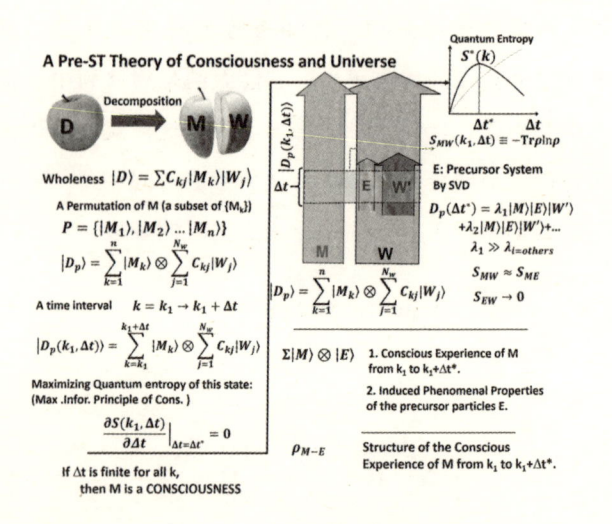

图 4-2　意识的普遍性理论

显然，此体验片段或量子态存在不可结构化的部分。因为量子态跟向量一样，此类数学对象并没有指定它究竟对应什么，因此可通过映射的方式将其映射至其他事物，甚至可映射至不结构化的事物，比如，映射至体验片段本身。注意到，我们基本遵循了维特根斯坦的**沉默原则，对于不能言说的我们保持沉默**，但我们并不是什么都不做，而是将其映射至其他不可言说的对象上去，并试图分析其内部结构。

此体验片段的结构完全可由此态密度矩阵来表示：

$$\rho_{jj'}(t, \Delta t^*) = \int_{t}^{t+\Delta t^*} C_j(\tau) C_{j'}^*(\tau) d\tau \quad (4-8)$$

此结构所包含的信息可由纠缠熵来表示：

$$S(t, \Delta t^*) = -\mathrm{Tr}\rho(t, \Delta t^*) \ln \rho(t, \Delta t^*) \quad (4-9)$$

根据之前的哲学讨论，事实上，密度矩阵（4-8）式可以称为体验片段 $|D_P(t, \Delta t^*)\rangle$ 的**原物理属性**。

原则上，所有的物理构建都源自于此密度矩阵。

上面的论述就已经从数学物理上清晰地定义了什么是**意识体验**，什么是**原物理属性**。并在一定程度上回答了困难问题，部分地走出了意识科学的第一大困境：意识体验不可结构化与物理学只能描述结构的困境。正如上面讨论的方案一样，我们想法很简单，事实上仍然是对不可结构化的部分保持沉默，但并没有什么都不做：我们首先承认存在不可结构化的部分，然后再将其映射到其他不可结构的对象上去，着重研究这些不同的不可结构化对象之间的关系。

时间线分叉

可想象两个在时间相邻的态应该满足下面的关系[①]。$\sum_j \| C_{(k+1)j} - C_{kj} \|^2 \ll 1$。或许可从最大信息获取从原则上证明此关系。

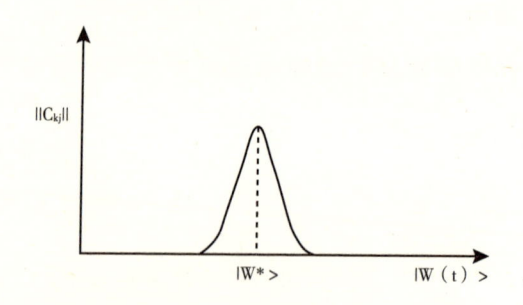

图 4-3 意识 M 眼中世界 W 的"轮廓"

对于某时刻 k，我们可以对系数模的大小进行作图，可想象它有个极大值，比如当 $j=j^*$ 时取得极大，记 j^* 对应的 W 的态为 $|W^*\rangle$，并用它来代表 M 在 k 时刻世界的"最可几"状态。这样就可以用 $|W(t)\rangle \equiv |W^*\rangle$ 来代表时间，若用此时间为横坐标，系数模的大小作图，一般而言会出现上图所示的

---

① 注意：此关系的定义并不严谨。另外，"时间线分叉"这小节的讨论不严密，但有一定启发性。

形状，峰的宽度大致等于上一小节的 Δk^*。但下面要论证对于真正的意识主体，它对应的曲线图的峰形并不对称。（注：这个论证并没有最大信息获取原则定义得那么好，但它提供了另一种理解的方式）

事实上，上面的一个排列 P_M 并不能完全"消耗"完意识 M 所有的态，这些态结构上可以画成下图所示，它由几个不相连的链图组成。链图中一个圆圈代表一个态，相邻几个圆圈满足最大信息获取原则，另外也满足条件 $\sum_j \| C_{(k+1)j} - C_{kj} \|^2 \ll 1$。

$M = B_1 + B_2 + B_3 + \cdots$

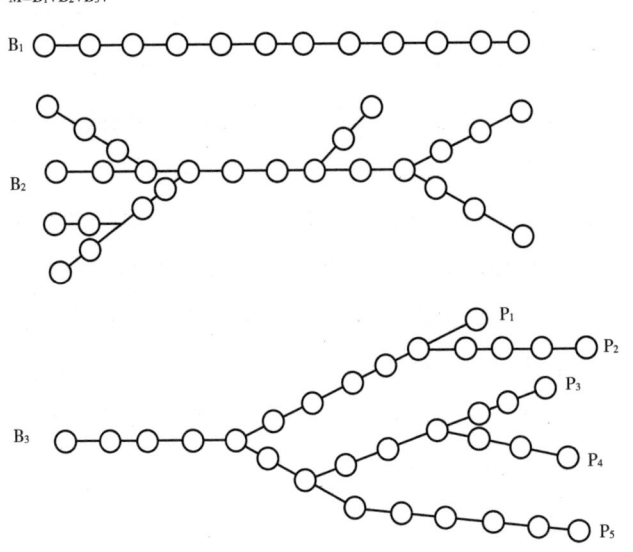

图 4-4　M 的时间线的可能拓扑结构

下面，大致论证只有 B3 才反映真实的情形，即时间线不断地在分叉，在这里时间过去与未来是不对称的，此时系数的图，不再是对称的，而是像图 4 - 5 的半峰，未来部分的半峰几乎消失了。

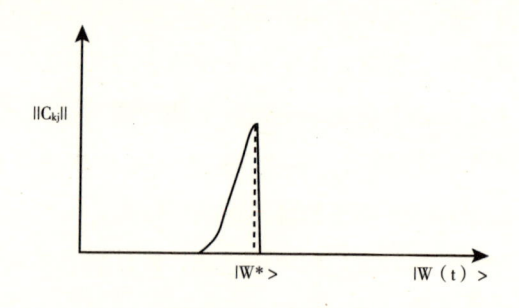

图 4 - 5　半峰示意

之所以呈现半峰形状，是因为人类意识只能体验过去，而不能体验未来，或我们只有关于过去的信息，没有未来的信息。直觉上，是未来不同的分叉线对应的态相互抵消使得未来部分的半峰消失了。另一方面，这也是一种关乎"过去"或"历史"的定义的一种循环论证，因为我们把所有记忆中的事物都定义成了过去，因此，如果它关于未来部分的半峰存在，表明我们能够通过某种方式获得关于它的信息，但这根据过去的定义又属于过去，因此，必然会将其放到过去这一侧。

另外，虽然未来不断分叉，但一旦意识选择某一分叉之后，可等效地认为其他分叉本质上不存在，或其他分叉叠加之后相互抵消了。所以一旦成为历史它就是唯一的，但未成为历史之前，又存在无限个不断分叉的未来。

下面我们再在最大信息获取原则①基础上来重新审视时间线分叉的问题：首先假设已经存在部分历史，我们可以把这个历史记成 P_h，现在需要从 M 剩下的状态中 $\{M\} - P_h$ 找到若干状态 Q 使得 $P_h + Q$ 继续成为 MIP（最大信息获取）序列（即序列里的每个体验片段都满足最大信息获取原则）。而上面的讨论表明可以有多个 Q 使得 $P_h + Q$ 成为 MIP 序列。数学上相当于存在多个极大值点，因此未来会分叉，然后 M 会选择其中一个极大值去构造新的 MIP 序列。

不同意识主体等效性原则及其可能推论

就像在广义相对论等效原理一样，不同意识主体等效原理也是从莱布尼茨的充足理由哲学原则派生出来的：若没有充分理由认为两个相似事物不等效时，只能认为它们等效。可从两个层面来理解，首先，关于宇宙的任何描述都只能是在一些意识的眼中对宇宙的描述。第二，两种不同的意识眼中的宇宙的物理规律应该基本相同，虽然具体内容可不同。

下面，从数学上来讨论不同意识主体的等效性原则。假设有另一个意识主体 M' 栖居于 M 相伴的世界 W 里，即假设 $|W\rangle = |M'\rangle \otimes |W'\rangle$。那么式（4-2）可重写成：

---

① 本书有许多条定理或猜想都需要用最大信息获取原则结合随机矩阵理论去证明，但非常遗憾的是笔者数学功底不够，只能留给其中的某位读者来证明了。

$$|D_P\rangle = \sum_k |M_k\rangle \otimes \left[\sum_{k',j} C_{kk'j} |M'_{k'}\rangle \otimes |W'_j\rangle\right]$$

(4 - 10)

假如 M′深深地跟 W′纠缠在一起，那么它们本身就可以形成一个新的 D′使得在 M 的同一时刻 k 里，M′就能形成一个意识主体的一生，这不太可能。因此，为简单起见，假设 M′与 W′大致孤立。即上式可近似地写成：

$$|D_P\rangle = \sum_k |M_k\rangle \otimes \sum_{k'} C_{kk'} |M'_{k'}\rangle \otimes \sum_j C_{kj} |W'_j\rangle$$

(4 - 11)

下面我们来考察一下 $\|C_{kk'}\|$ 函数的形状。假设它也如图 4-5 一样为半峰形状，那么，我们可以通过重写上式求得 $\|C_{k'k}\|$ 函数的形状：

$$|D_P\rangle = \sum_{k'} |M'_{k'}\rangle \otimes \sum_k C_{k'k} |M_k\rangle \otimes \sum_j C_{k'j} |W'_j\rangle$$

(4 - 12)

如图 4-6 所示，容易得到 $\|C_{k'k}\|$ 函数的形状与 $\|C_{kk'}\|$ 函数的形状一样为半峰波形，但方向不一样。很明显这违背了不同意识主体的等效原理。因此，$\|C_{k'k}\|$ 函数的形状只能为对称的形状。但由于通常两个意识主体不可能知晓对方的体验，因此 M 和 M′并不包含多少对方的信息，故 $\|C_{k'k}\|$ 函数峰宽远远小于 Δk^*，另外这也说明在 M 相伴的世界 W 里，M′对应的物理实体与 W 相对独立，或许可以顺

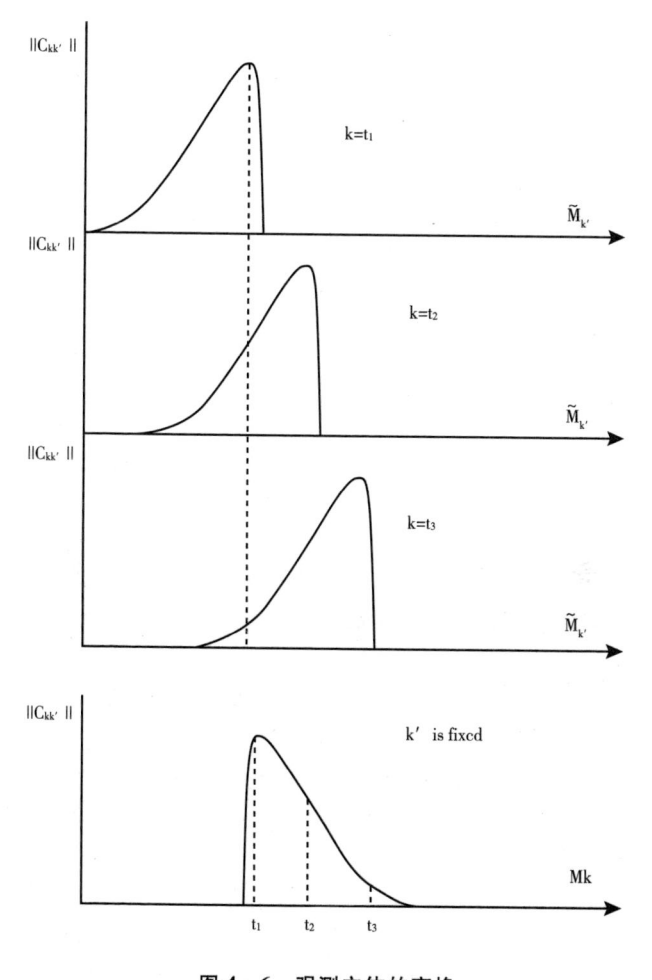

图 4-6 观测主体的变换

此思路用最大信息获取原则证明 M′对应的物理实体不可分。

上面其实大致证明了下面的意识主体变换法则：若在意识主体 M′的世界里，意识主体 M 的物理可用

ψ 描述，那么在意识主体 M 的世界里，意识主体 M' 的物理大致可用 $T\psi$ 描述，其中 T 为时间反演算符。而意识主体等效原理表明 $\psi \approx T\psi$，而从基本粒子物理的观点来看，这似乎有点表明意识主体的"反粒子"为其自身，有点类似于 Majorana 粒子（注意：此段讨论只具启迪意义，不必当真）。

4.5 重构物理学

宇宙的动力学方程

根据最大信息获取原则，意识主体总是试图叠加进尽量多的态使其包含信息最大化，因此有

$$\frac{\partial S(t,\Delta t)}{\partial \Delta t}\bigg|_{\Delta t = \Delta t^*} = 0 \qquad (4-13)$$

严格按照最大信息获取原则，(4-13) 式应该复杂许多，且很微妙，应该为两重极值问题：先给定历史体验，然后在 M 剩下的所有的态中找到给定数目的态（m）使得下一体验片段包含的信息最多，然后再改变 m，求出最大的 m^*（具体可参考 4.7 节的内容）。不过，为简单起见，我们暂时写成 (4-13) 式。或相当于省去了第一步的优化。

然后，将密度矩阵代入式中，就可得到宇宙的动力学方程。当然，此方程本质上更像对密度矩阵的约束方程。

距离与万有引力

虽然，原则上所有的**物理**都必须源自于**原物理属性**或**体验片段的结构** $\rho_{jj'}(t, \Delta t^*)$，但如此推导物理，工作量实在太大。为简单起见，假设可以通过恰当地选择初始的 $|D_t\rangle$，使得每个 M 所纠缠的 W 量子态里面所包含的物理与体验片段的结构所推出的物理具有一致性，这其实就是**体验与客观世界的一致性假设**。当然，最严格的做法是：要么直接由体验片段的结构推导出所有物理（或梳理出体验流 P 包含的信息的内在逻辑），要么通过**不同意识主体的等效性**来证明刚刚提及的体验与客观世界的一致性假设。

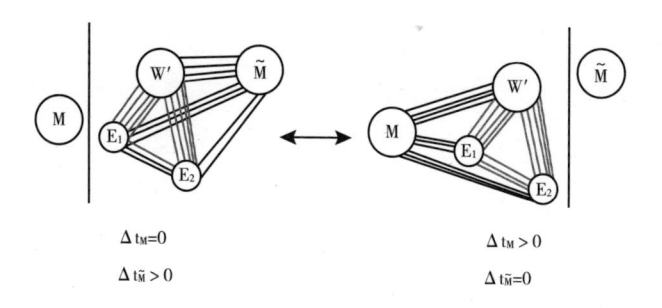

$\Delta t_M = 0$
$\Delta t_{\tilde{M}} > 0$

$\Delta t_M > 0$
$\Delta t_{\tilde{M}} = 0$

图 4-7 体验与客观世界一致性和意识主体等效原则的大致关系

简单起见，假设体验与客观世界具有一致性（见图 4-7）。基于此假设，下面定义研究物理对象

的质量和能量。假如一个系统 E 可以从某个即时世界中分裂出来，

$$M_k\rangle \otimes \sum_j C_{jk}|W_j\rangle = |M_k\rangle \otimes \sum_{il} C_{ilk}|W'_i\rangle \otimes |E_l\rangle$$

(4 – 14)

先定义密度矩阵 $\rho_E = \rho_{ll'} = \sum_i C_{ilk} C^*_{il'k}$。据 4.1 节讨论，E 的任何物理属性只能是 E 与外界的关系；同样，E 的质量亦不例外，不妨定义 E 的**质量**为 E 与 W'的量子纠缠熵，即 $m_E \equiv S_E = -\text{Tr}\rho_E \ln \rho_E$。显然，根据纠缠熵的性质，除去 E 之后整个宇宙的质量也为 m_E，通过不断减小 E 的质量，不难发现整个宇宙的质量最终为 0！另外，根据纠缠熵的性质[1]，当研究的系统较小时，质量具有加和性。当系统在即时世界里与 W'完全不纠缠时，它的质量为 0。而**能量**明显隐含着时间，可基于体验片段来定义：一个系统在 k_1 或 t 时刻的能量定义成它与世界剩余系统在时间区间 $k_1 \to k_1 + \Delta k^*$ 形成的量子态（Mixed State）的纠缠熵。

显然，两个系统间的距离也必须表达成它们之间的关系及它们各自与其他系统关系的函数，根据通常对距离的认知是：距离越大联系越少。因此它可能是两个系统间的纠缠熵的倒数或其他函数形式，且它可

---

[1] Ruskai M. B., *Inequalities for Quantum Entropy: A Review with Conditions for Equality.* arXiv: quant – ph/0205064.

能还跟系统质量或能量有关系。而根据上述讨论，能找的最简单的距离的定义是：

$$d_{E1E2} = \frac{\varepsilon_{E_1} \varepsilon_{E_2}}{S_{[E_1 E_2]}(t, \Delta t^*)} \quad (4-15)$$

其中 $S_{[E_1 E_2]} = S_{E_1} + S_{E_2} - S_{E_1 E_2}$，等式右边分子上为两个系统的能量相乘。根据量子纠缠熵的 Strong Subadditivity 可知 $S_{[E_1 E_2]}$ 总是为正。其实非常容易看出（4-15）式与牛顿的引力方程等效。

通过上述方式，先由 W 中分裂出大量的系统出来，然后构造距离对集合 $\{d_{EiEj}\}$，再尝试构造一个欧氏空间"装下"这些距离对集合，从而将我们日常感知的**三维空间**重现出来。

注意到距离的定义中已经包含了时间，因此在我们的理论框架中时间与空间已经融合在一起，或许可结合最大信息获取原则、上面距离的定义和随机矩阵理论[1]来证明**洛伦兹变换**近似成立。

上面两个猜想的证明将是对未来的意识科学最大的两个挑战。

基本粒子

下面讨论可能为错，但为保证理论完备性，必须承担错的风险。

---

[1] Terence Tao, *Topics in Random Matrix Theory*.

假如世界 W 的自由度可表示成 $N_w = \prod_{i=1}^{n_m} N_i$，那么我们有许多方式将世界分裂成 n_m 个系统。

现我们假设某种分裂方式使得某个系统的自由度为质数，它的质量为常数①，那么我们称为此系统为基本粒子。显然，只有当世界足够大，能构成统计时，它的质量才有可能为常数。

对某个体验片段 $|D_P(k_1, \Delta k)\rangle = \sum_{k=k_1}^{k_1+\Delta k} |M_k\rangle \otimes \sum_{j=1}^{N_w} C_{kj}|W_j\rangle$，基于某个基本粒子 E 进行奇异值分解：

$$|D_p(t, \Delta t^*)\rangle = \lambda_1 (\sum_l e_{1l}|E_l\rangle) \otimes |\varpi_1\rangle + \lambda_2 (\sum_l e_{2l}|E_l\rangle) \otimes |\varpi_2\rangle + \cdots \quad (4-16)$$

式中 $|\varpi_1\rangle$ 将 W' 与 M 写在一起。通常它的一部分主值（比如 n 个主值 $\lambda_1, \lambda_2, \cdots, \lambda_n$）比较大，而其余大多数主值都极其小。通常大的主值对应的态相当于基本粒子的所谓的传统意义上的状态，贡献动能等；小的主值对应的态则用于标识其位置，主要贡献质量。当只有一个大主值时，通常认为该基本粒子处于孤立状态或纯态。而当存在许多大的主值时，则认为该基本粒子深深地与环境纠缠在一起。另外，像无质量的基本粒子基本只存在大的主值，等效于其空间位置极不确定。

---

① 注意在粒子物理中，基本粒子的理论质量只是拉格朗日量中一个理论常数，而且实测质量是指重整化的质量。另外，基本粒子的量子数在当前理论中对应于什么仍值得深思。

第四章　意识科学的普遍性理论

基本粒子只有在从相对纯的态向纠缠态或从纠缠态向纯态转变过程中才可被观测到。因此，若一直为纯或一直纠缠，显然此粒子纠缠熵无变化，从而意识主体不可能获得关于它的信息。

根据这个洞见，一些暗物质粒子是一种具有巨大自由度的粒子，它所有的主值都极小，且一直深深地跟环境纠缠在一起，因为极少变成纯态，故难以被直接观测到。或者可将其称为时空的编织者，因为它们建构的"纠缠网络"使得时空看起来极其稳定，以致让我们误认为存在背景时空。

可以看出光子与暗物质粒子是两个不同极端的粒子，光子无质量有动量，它只有大的主值项，它的空间位置经常没有定义，它从纯态到纠缠态的转变相对容易。而暗物质有质量通常无动量，只有大量的极小的主值项，其空间位置有定义但局域性差，从纯态到纠缠态间的相互转变极困难。

但亦有另一种可能性，基本粒子并不完全由一个质数自由度的系统构成，它或许由一个小质数自由度的系统和一个或多个大质数自由度系统纠缠而成，其中小质数自由度的系统一成不变，而一个或多个大质数自由度系统则可改变，它用于标识此基本粒子的位置与能量。事实上这些大质数自由度系统就是时空的编织者本身。

4.6 体验和现象属性的数学定义

虽然，之前已大致从物理数学上定义过什么是意识体验，但仍不够具体。下面将具体定义什么是意识体验，什么是普通物质的通常意义上的现象属性。

根据我们的理论，量子态 $|D_P(k_1, \Delta k)\rangle = \sum\limits_{k=k_1}^{k_1+\Delta k} |M_k\rangle \otimes \sum\limits_{j=1}^{N} C_{kj}|W_j\rangle$ 实际上就对应于**意识体验**（见 4-7 式），而其密度矩阵 $\rho_{jj'}(t, \Delta t^*)$ 描述了体验的结构或它所包含的信息。

普通物质的现象属性也可用类似方式定义。但正如前面讨论，所有普通物理对象因为不存在极大纠缠熵，其现象属性都会灾难性地滑至状态 $|D\rangle$，故如此定义的现象属性毫无意义。

为了能够回答为什么我们可以感受到不同的体验，下面先定义一个前置粒子系统。假设对系统 E，存在某个分解：

$$|D_p(t,\Delta t^*)\rangle = \lambda_1 (\sum_{kl} f_{1kl} |M_k\rangle \otimes |E_l\rangle) \otimes (|W'_1\rangle) + \\ \lambda_2 (\sum_{kl} f_{2kl} |M_k\rangle \otimes |E_l\rangle) \otimes (|W'_2\rangle) + \ldots$$

(4-17)

使得右边第一项远大于其他项，其他项极其小。我们尽量多地把其他系统包含进 E 里来，但仍保证只有第一项较大，直至不能包含更多的系统为止。然后，

第四章 意识科学的普遍性理论

我们将系统 E 称为 M 在时刻 t 的**前置粒子系统**（关于前置系统较为严格的定义参考第五章最后一节图 5-7 附近）。此时的 W_1' 称为**外面的世界**。

在此图景中，第一项括号里的状态 $\sum_{kl} f_{1kl} |M_k\rangle \otimes |E_l\rangle$ 就近似地对应于意识体验。随着时间的推移，有些粒子会移入此括号，这对应于信号从外面的世界输进来；而有些粒子会移出此括号，这对应于意识对世界的影响。在下一章，我们将看到这个前置粒子系统在生命系统中的对应物，以及它究竟还有什么用途。

有了此前置粒子系统，就可定义普通物质的**引出现象属性**了。假设一个系统 E' 在某一时刻成为前置粒子系统的一部分时，剩余的前置粒子系统记为 E''，假设此时第一项括号里可写成

$$\sum_{kli} f_{kli} |M_k\rangle \otimes |E'_i\rangle \otimes |E''_l\rangle =$$
$$\lambda'_1 (\sum_l g_{1l} |E''_l\rangle) \otimes (\sum_{ki} h_{1ki} |M_k\rangle \otimes |E'_i\rangle) + \dots$$

$$(4-18)$$

我们将分解中每项第二括号里的态的集合 $\sum_{ki} h_{jki} |M_k\rangle \otimes |E'_i\rangle$ 就称为系统 E' 的引出现象属性。显然它本质上是 M 的体验属性。

由于从表达式看，同一类基本粒子的引出现象属性在不同时刻，或对不同意识主体都可能会很不一样，因此我们需要证明或说明引出现象属性对同种粒子具有某方面的一致性。在目前，这仍然是一个有待回答的问题。

4.7 显含观测者模型宇宙的模拟计算

4.7.1 计算模拟步骤

注意本小节并不试图构建一个有意识的程序，而是试图模拟意识对应的产生过程；显然，根据笔者的理念结构化的程序是不可能的有意识的。

本章给出的理论比较抽象，下面我们用计算机构建一个最简单的"所有"D，然后由其分裂出一个意识主体M以及它相伴的世界W，最后对M的量子态进行重排。希望读者可通过此计算模拟获得对此理论比较具象的认知。

由于计算能力的限制，只计算"所有"D的自由度分别为5300和5400的两种情形。譬如，对于$N_d = 5300$，先产生5300个模大小符合高斯分布，在复平面的角度为均匀分布的复数d_k，产生这些系数的伪代码（Fortran）如下：

```
do i = 1, ND
  r = GAUSS_RAND(seed1)
  th=random1(seed1)*2.0*pi
  DD(i)  = cmplx(r*cos(th),r*sin(th)) ! DD coefs for D
enddo
```

这样显然有

$$|D\rangle = \sum_{k}^{5300} d_k |D_k\rangle$$

上述产生的这 5300 个复数将储存于一个文件中，这 5300 个复数其实就对应于这个 "所有"。

然后，将量子态 $|D\rangle$ 分解成 53 维的意识主体 M 和 100 维的世界 W，此分解有较大任意性。我们一般先产生初始的一种分法，其相应的伪代码如下：

```
do i=1,53
do j=1,100
I_D(i,j) = (i-1)*100 +j
    AB(i,j) = DD(I_D(i,j))
  enddo
enddo
```

伪代码中的 AB（i，j）就相当于式中 $|D\rangle = \sum\limits_{k}^{5300} d_k |D_k\rangle = \sum\limits_{i=1}^{53} \sum\limits_{j=1}^{100} C_{ij} |M_i\rangle |W_j\rangle$ 的系数 C_{ij}，分裂之后我们就可以计算 M 与 W 的纠缠熵，此时的纠缠熵一般较大。其中纠缠熵的计算分成两步：

第一步计算密度矩阵 $\rho_{ij} = \sum\limits_{k=1}^{1000} C_{ik} C_{jk}^*$，对应的伪代码为：

```
do i=1,NM
do j=i,NM
    M(i,j)=0.0
do k=1,NU
M(i,j)= M(i,j) + AB(i,k)*conjg(AB(j,k))
enddo
    M(j,i)=conjg(M(i,j))
  enddo
 enddo
```

第二步依据公式 $S = -\text{Tr}[\rho\ln\rho]$ 计算纠缠熵，相应代码：

```
trace_M = 0
do i=1,n
 trace_M= trace_M+ real(M(i,i))
enddo
M=M/trace_M
call eig_Jacobi2(M,w)   ! Compute the eigenvalue of M
S_AB=sum(-abs(w)*log(abs(W)))
```

注意上面代码中计算密度矩阵的特征值极其耗费计算资源，以后意识科学计算需要找到克服该问题的方法。

如果此时代入计算会发现根据最大信息获取法则，意识主体 M 只能获得一个体验片段或意识主体 M 的"寿命"为 0。如图 4-8 所示，当意识主体 M 与其相伴的世界 W 的纠缠熵比较大时，只有一个体验片段；而当纠缠熵适中时，其寿命有个极值，但是需要通过下面的程序来找到纠缠熵比较小的分裂方式。

因此，需要尝试其他分裂方式。在程序中，可以通过不断随机地置换任意两个系数来实现，每置换一次都计算其纠缠熵，当算出来的纠缠熵小于之前的纠缠熵时，就接受此置换，代码如下：

对不同的分裂方式，我们都将计算意识主体 M 和其相伴的世界 W 的纠缠熵。然后同时用最大信息获得法则（MIP）计算此分裂方式下意识主体的体验

```
do t=1, 20000
  IJ1(i,1)=mod(int(random1(seed1)*NM),NM)+1
  IJ1(i,2)=mod(int(random1(seed1)*NU),NU)+1
  IJ2(i,1)=mod(int(random1(seed1)*NM),NM)+1
  IJ2(i,2)=mod(int(random1(seed1)*NU),NU)+1
  i1=IJ1(i,1);k1=IJ1(i,2)
  i2=IJ2(i,1);k2=IJ2(i,2)
  ABNEW(i1,k1)=AB(i2,k2)
  ABNEW(i2,k2)=AB(i1,k1)
  I_DNEW(i1,k1)=I_D(i2,k2)
  I_DNEW(i2,k2)=I_D(i1,k1)
  call Get_S_AB(ABNEW,s1)
  ...
```

片段及体验流。具体计算方法如下：

比如在当前例子中，包含所有的这个量子态可写成 53 个量子态的叠加，

$$|D\rangle = \sum_{i=1}^{53}\sum_{j=1}^{100} C_{ij}|M_i\rangle \otimes |W_j\rangle$$

$$= |M_1\rangle \otimes \sum_{1}^{100} C_{1j}|W_j\rangle + |M_2\rangle \otimes \sum_{1}^{100} C_{2j}|W_j\rangle + \ldots |M_{53}\rangle \otimes \sum_{1}^{100} C_{53j}|W_j\rangle$$

似乎可以认为意识主体 M 体验到了 53 个体验片段，但并非如此，因为此时这 53 个量子态中，意识主体并不能获得 W 的信息，例如在第一个 $|M_1\rangle \sum_{1}^{100} C_{1j}|W_j\rangle$ 体验片段中，M 与 W 其实完全没有发生纠缠，此量子态纠缠熵为 0，即 M 不能获得 W 的信息。**因此不能如此定义体验片段！**

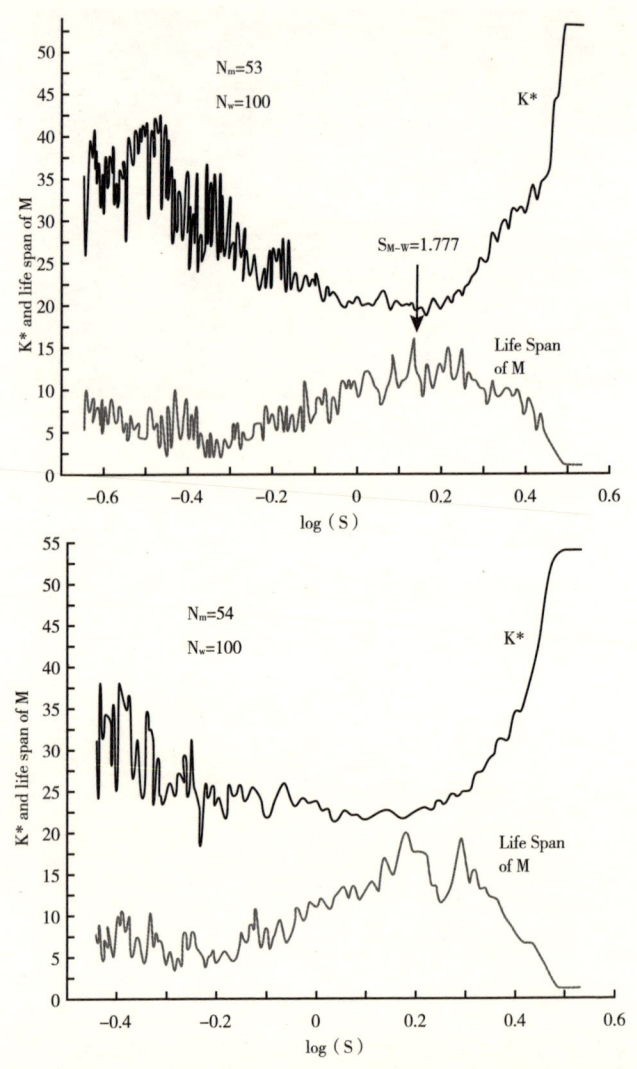

图 4-8　当意识主体 M 的自由度分别为 53 和 54 时，平均体验片段长度 k^*（黑色曲线）、意识主体的"寿命"（灰色曲线）与纠缠熵的 S_{M-W} 关系，其中纠缠熵为意识主体 M 与 W 的纠缠熵。注意，在同一张图中 D 为同一个 D，选取不同的 M 或采用不同的分裂方式可得到不同的 M，相应的纠缠熵也不相同

第四章 意识科学的普遍性理论

或许，可试图先固定其中第一个量子态，然后试着从第 2 到第 53 个中选另一个叠加进来形成新的量子态，并看看哪个形成的量子态熵最大。比如此时熵为 S（k=2），同样地，再从剩下的 51 个中再挑一个形成 3 个态叠加成的新的量子态，同样选熵最大的那个，比如此时熵为 S（k=3）。以此类推直至发现 S（k=k*）>S（k=k*+1），即叠加进新的态再也不能使得获得的信息有所增加时，我们便认为这 k* 个态叠加成了第一个有效的意识片段。

如图 4-9 中，灰色曲线 $S(\Delta k)$ 表明它在 k* = 32 时取得极大。

然后，再尝试构造第二个体验片段。构造第二个片段时先将第一片段中第 1 个量子态剔除，然后重复构造第一片段程序，运用 MIP 看是否能找到第二片段的 k*，如果不能找到，再剔除第一片段中的第 2 个量子态，看是否能找到 k*，以此类推直至能找到 k* 为止。这样就找到了第二体验片段。

如图 4-9 所示，我们在第一片段中先剔除了 8 个量子态才最终找到了第二体验片段，第二体验片段的 k*=25，显然第二体验片段与第一体验片段有 24 个量子态重复了。

同样可找到第三体验片段、第四体验片段直至 53 个量子态用完。图 4-9 中，此意识主体共有 15 个体验片段。平均片段长度 $\langle k^* \rangle$ 为 21。

· 111 ·

4.7.2 模拟结果与讨论

我们用上述模拟方法对两个不同自由度的 D 进行了模拟，试图探讨意识主体自由度分别为质数和合数时的区别（显然区别不大）。

首先，我们发现对 D 进行分裂时，若分裂出来的 M 与 W 的纠缠熵过大或过小都会导致其根据最大信息获取法无法形成有效的体验流，即形成不了时间。如图 4-8 所示，当 log（S）等于大约为 0.1 至 0.2 时，意识主体 M 能体验到最多的体验片段。或许，这预示着两个系统纠缠太深会导致信息过度饱以及进一步导致信息的无序性，从而导致无法形成体验片段，两个系统纠缠太浅又会导致它们之间难以获得对方的信息。

其次，我们发现本章提出的最大信息获取法则（MIP）确实能够在此玩具模型中产生体验流，产生时间，具体见图 4-9。当然如上所述，我们可进一步在每个体验片段对 W 进行分裂，从而试图定义何为基本粒子，并尝试定义它们之间的距离等。但本小节并没有做这进一步的尝试，主要还是因为计算量实在太大。

最后，在这两个玩具宇宙模型中，显然最大信息获取原则无法推出意识主体不可分这个结论（因为第二个意识主体的自由度 54 是个合数）。即便如此，笔者坚持认为意识主体不可分或至少意识主体不可组合，目前之所以出现这个结果是因为这个玩具模型涉及的自由度实在太小。或许，这以后只能通过数学理论进行严格的证明。而试图通过模拟计算体验意识主体是否可分应该是徒劳的。

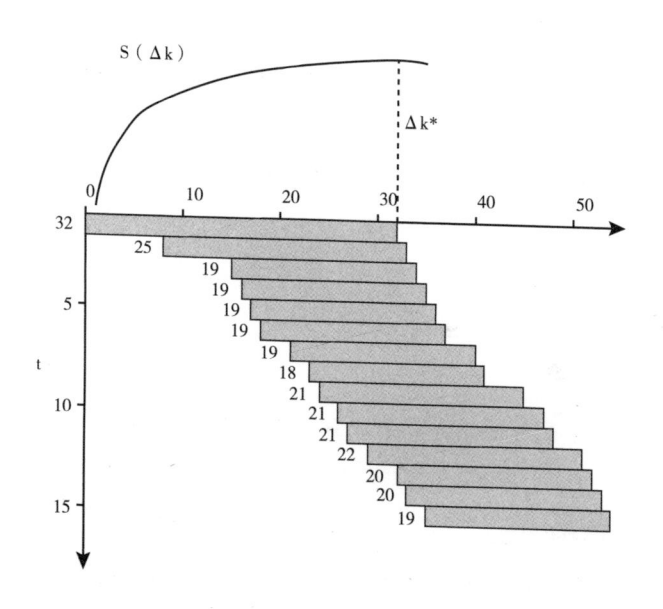

图 4-9　自由度为 53 的意识主体 M 的体验流图谱。上图曲线为构造第一体验片段时，M 与 W 的纠缠熵与片段长度的函数关系，当片段长度为 32 时取得极大值。下图为其中 15 个体验片段的详细数据。其中每个长方形色块左边的数字代表片段长度

4.8　待解决的问题

本章仍然存在诸多未解决的问题，下面列出其中的几个。

1. 体验的自洽性问题：如何从数学上通过 P -> D -> M + W -> P′ 中体验流 P 与 P′ 的一致性得到 M 和 W 必须满足哪些条件？

2. 如何从最大信息获取原则证明意识主体不可分？

3. 如何用最大信息获取原则证明洛伦兹变换，证明宏观世界大致为三维？

4. 如何从体验结构包含信息的相关性推出物理学规律？

5. 如何从理论上说明同一类物质的引出现象属性具有某方面的一致性？

下面的文献对解答上述难题应该有帮助：

1）量子纠缠不等式，arXiv：quant-ph/0205064.

2）张量分解 SIAM Rev., 51（3），455-500.

3）随机矩阵理论 Terence Tao, *Topics in Random Matrix Theory*.

第五章
大脑的基本物理模型

意识科学第一定律：在意识主体 M 相伴的世界 W 中，不可能找到意识主体 M 对应的物理实体。

意识科学第二定律：内在属性不可组合。

意识科学第五定律：若两个意识主体对应的物理实在全同，那它们是同一意识。

——摘自本书附录一

上一章关于意识的普遍性理论为我们思考意识相关问题提供了一个强大的理论工具，它站在整个意识主体和世界的外面回答了"意识如何产生"这个问题。然而，正因为此理论过于基础及普适，反而其不能很好地回应现实，难以得到可证伪的理论预测[1]。因此，这一章将不再站在"后面"，而是直接切换至前台，假设已然存在时间、空间，存在大脑，再来考察意识主体最有可能对应于什么物理实体，探究它是

---

[1] 或许，更恰当地讲是目前还没有足够强大的数学理论工具，使得我们可以从这个退得非常后面的理论出发，直接推导出本章的理论。原则上应该可行。

如何与大脑的神经元共同作用产生意识体验的，或者我们大脑的工作原理是什么。

如果说上一章的理论使得意识科学走出了第一困境：意识不可结构化与物理只能研究结构化之间的矛盾。那么这一章的理论①将有可能帮助意识科学走出第二困境：如何将普通物质的内在属性恰当地组合起来形成意识。

5.1 意识主体不可分猜想

第三章讨论物质的内在属性或现象属性时，曾提及组合问题。组合问题的大意是：泛心论或一元论认为任何事物皆有内在属性和物理属性，而内在属性本质上与意识的体验属性相同；但普通事物或基本粒子的内在属性太简单或碎片化，不能形成有效意识。为了能够形成高度整合和足够复杂的人类意识体验，须找到恰当的方式将普通事物的内在属性组合起来。

3.4节详细论述了美国心理学之父詹姆斯关于为何内在属性不能组合的观点。大意是不能以第三者的标准来决定一个主体能否将另一个事物包含进来组合

---

① 本章内容参考了笔者的文章：Li J.F., *Directly Facing up to the Hard Problem of Consciousness with a Fundamental Theory of Consciousness*, NeuroQuantology 2016 14：708. Li J.F., *Two Obstacles on the Way towards the Science of Consciousness*, NeuroQuantology 2017 15：84.

第五章 大脑的基本物理模型

成更大的主体,由于不存在组合的标准,因此等效于内在属性不能组合。这亦表明意识主体不可分,它可能对应于现实世界中的基本粒子。但正如查尔默斯等人所质疑的:万一这样的基本粒子消失了怎么办?大脑几乎不可能将某一特定的基本粒子长久禁锢于大脑之中,这极其反常识。因此,他们几乎立刻就否定了这近乎疯狂的提议。然而,本章将要指出,大自然或许更看重逻辑,既然不可组合的论证只是反常识但未反逻辑,那它就可能是正确的。我们发现"暂时全同粒子法则"可以用于稳定某种自由度巨大的基本粒子,并利用其内在属性来产生意识体验,从而解决查尔默斯等人的担忧。

当然,一个自然的想法是,能否根据上一章的理论来判断意识主体对应的物理实体究竟可不可分?下面探讨其可能性。

第四章的理论中,很明显意识主体 M 并不在它相伴的世界 W 中[①],**即你在你的世界里绝对观察不到你的意识所对应的物理实在**[②],但你可以观察到其他人的意识对应的物理实在。因此,在意识主体 M 相伴的世界 W 中,M 对应的物理实体可不可分这个问

[①] 第四章理论中,系统 M 与系统 W 通过直积构成包含所有事物的存在 D,显然 M 和 W 这两个系统并不互相包含对方,因此 W 中不可能找到 M。

[②] 笔者认为量子力学测量问题解决不了的根本原因是类似的,即观测者本质上在世界之外。

题毫无意义，因为意识主体 M 不在 W 中。

因此，讨论意识主体 M 的物理性质时，应该关注的不是其相伴的世界 W，而是另一个意识主体 M′相伴的世界 W′，此时意识主体 M 对应的物理实在应该就在 W′中，而 M 的物理性质就是 M 与 W′的其他系统的关系的集合。

现在，我们来证明在 W′中意识主体 M 对应的物理实体不可分。假设可分，并假设一开始意识主体由物理实体 E_1 构成，后来 E_2 被"组合进来"重新组成意识主体。但存在矛盾：因为一开始意识主体 M 其实就是 E_1，那么，显然此时 E_2 相对于 M 来说，E_2 属于 M 的相伴世界 W 的物理实体。根据上面讨论，意识主体 M 任何部分一直都不可能在它相伴世界 W 中，因此矛盾。如果反过来，开始时意识主体 M 由物理实体 E_1 和 E_2 组合而成，后来 E_2 离去，同样存在上述矛盾。当然，假如自始至终 M 都由实体 E_1 和 E_2 构成，这倒没矛盾，只是要在世界 W′中构造此复合意识主体的难度系数比直接稳定一个基本粒子高许多：因为根据后面的讨论会发现，只有使得在世界 W′中 E_1 和 E_2 构成的系统一直处于孤立中（非常困难），方能使一个系统与 W′的其他系统过度纠缠的情况不会出现。这使在 M 相伴的世界中也能观察到 E_1 和 E_2 中的其中一个系统，因为最终还是矛盾。

综上，内在属性不可组合。意识主体可分或为复合粒子系统的可能性极小。但根据上一章理论，目前并没有完全排除意识主体可分的可能性。或许最大信息获取原则可严格证明意识主体不可分，但由于目前其存在数学上的困难，因此还没有人能够严格证明这一点。即便如此，笔者仍建议将意识主体不可分作为意识科学的一条基本定律。

5.2 如何稳定意识主体与暂时全同粒子法则

如果意识主体不可分，比如其是某种基本粒子。那么该如何保证这样一个基本粒子一直稳定地被禁锢于大脑内，而不逃逸呢？事实上，就因此，大多哲学家比如查尔默斯从一开始就彻底否定了意识主体作为一个基本粒子的猜想，即便此猜想具有绕过组合问题的巨大优势。

另一个问题是，从基本粒子的物理结构复杂性看，一个简单的基本粒子内在属性不可能复杂到能产生如此复杂的意识体验，那么是否存在内部自由度可大到能够产生意识体验的基本粒子也是一个巨大的问题。当然，或许粒子的物理结构的复杂性与其内在属性复杂性之间无任何关联，比如简单粒子的内在属性或许也可以很复杂，但此可能性极小，至少难以想象。

上面的论述让我们意识到通往意识科学仅剩一条狭隘险道：**由于内在属性不能组合，但它的体验属性或内在属性需要足够复杂方能产生复杂的意识体验，**

故它只能是某种内在自由度巨大的基本粒子[①]。另外，为了使意识体验真正成为现实，大自然必须要找到一种捕获并稳定这种内在自由度巨大的基本粒子的物理方法。

而这一章的理论主要试图说明：暂时全同粒子法则可以用于捕获并稳定某一类内在自由度巨大的基本粒子，并利用该基本粒子的内在属性来产生意识体验本身。

5.2.1 全同粒子法则

吉布斯悖论与全同粒子

全同粒子这个概念起源于热力学，起初用于解决吉布斯悖论。假设 A 系统中有 N 个氢分子放置于 M 个格子，若这 N 个氢分子可分辨，则总的状态数为：

$$\Omega = \frac{M!}{(M-N)!} \qquad (5-1)$$

相应的熵为（应用斯托令公式 $\ln n! \approx n\ln n - n$）

$$S_A = k_B \ln\Omega \approx k_B(M\ln M - M - (M-N)\ln(M-N) + M - N)$$
$$= k_B(M\ln M - (M-N)\ln(M-N) - N)$$
$$= k_B(N(\ln M - 1) - (M-N)\ln\frac{(M-N)}{M})$$

假设 B 系统刚好有 $2N$ 个氢分子放置于 $2M$ 个格子，此时

[①] 当然也有可能由两个三个内在自由能巨大的基本粒子组成。

$$S_B = k_B(2M\ln M - 2(M-N)\ln(M-N) + 2N(-1+\ln 2)) = 2S_A + 2Nk_B\ln 2$$

因此，系统扩大一倍，但熵并没有严格增加一倍。这与熵的作为一种广延量的事实相违背。

换言之，若开始 B 系统中间有隔板，那么其熵相当于 $2S_A$，但如果将中间隔板抽离后，熵居然增加了 $2Nk_B\ln 2$。然而，此过程是可逆的，因此矛盾。这就是吉布斯悖论。

解决吉布斯悖论其中一个方案就是假定这些氢分子可交换或不可分辨。

此时，A 系统的总状态数为（即式 5 – 1 除以 N!）：

$$\Omega = \frac{M!}{N!(M-N)!}$$

此时，

$$S_A \approx k_B(M\ln M - M - (M-N)\ln(M-N) + M - N - N\ln N + N)$$
$$= k_B(M\ln M - (M-N)\ln(M-N) - N\ln N)$$
$$= k_B(-(M-N)\ln\frac{(M-N)}{M} - N\ln\frac{N}{M})$$

容易验证此时 B 系统熵恰好为 A 系统熵的 2 倍。

当然，许多物理学家认为不一定非得引进全同粒子概念解决吉布斯悖论。比如，有人提议可重新定义熵。

量子力学中的全同粒子法则

如果说在热力学中，全同粒子的概念容易被忽视的话，那么到了量子力学，全同粒子就成了一个非常重要的概念。

全同粒子法则大意为：如果两个粒子交换，不会引起任何可观测的物理现象，那么此两粒子全同。通常认为全同粒子的各量子数相同[①]。

在量子力学中波函数不是可直接观测的物理现象，因此交换某两粒子之后，即便波函数改变符号，也不会引起任何可观测的物理现象。根据交换之后波函数符号的变更与否，可将基本粒子分为玻色子和费米子。若交换之后波函数不变号，则为玻色子；若改变符号，则为费米子。

比如，两个电子（费米子）分别位于 r_1 和 r_2，那么它们组成的量子态的波函数可写成 $\psi(r_1, r_2)$，而交换之后它的波函数将改变符号，即有 $\psi(r_2, r_1) = -\psi(r_1, r_2)$。

在上一章无时空的量子理论框架下，全同粒子法则可作如下描述[②]。现在，假设世界由两个基本粒子 A、B 和环境 E 组成（为叙述方便先省去意识主体 M）。其中两个基本粒子都可用同样维度的希尔伯特空间中的向量表达出来。将这个世界用类似奇异值分

[①] 有物理学家认为粒子全同是因为其内在物理属性相同，但正如第二章论证的那样，笔者认为不存在内在的物理属性，因此如此定义"全同"并不科学，不具备非常强的可操作性。

[②] 其他方式参考文献 Leinaas J. M. and Myrheim J., IL Nuovo Cimento B 37, 1 (1977).

第五章 大脑的基本物理模型

解方式近似成：

$$|W\rangle = \lambda_1(t)(\sum_{l=1}^{p} a_{1l}(t)|A_l\rangle) \otimes (\sum_{m=1}^{p} b_{1m}(t)|B_m\rangle) \otimes$$

$$(\sum c_{1j}(t)|E_j\rangle) + \lambda_2(t)(\sum_{l=1}^{p} a_{2l}(t)|A_l\rangle) \otimes$$

$$(\sum_{m=1}^{p} b_{2m}(t)|B_m\rangle) \otimes (\sum c_{2j}(t)|E_j\rangle) + \ldots$$

(5-2)

上式中只给出了前两个主导项。如果将两个基本粒子互换，则上式可写成：

$$|W\rangle^I = \lambda_1(t)(\sum_{l=1}^{p} a_{1l}(t)|B_l\rangle) \otimes (\sum_{m=1}^{p} b_{1m}(t)|A_m\rangle) \otimes$$

$$(\sum c_{1j}(t)|E_j\rangle) + \lambda_2(t)(\sum_{l=1}^{p} a_{2l}(t)|B_l\rangle) \otimes$$

$$(\sum_{m=1}^{p} b_{2m}(t)|A_m\rangle) \otimes (\sum c_{2j}(t)|E_j\rangle) + \ldots$$

(5-3)

显然，交换 A 与 B 并不引起任何可观测的物理现象，因为包含所有物理信息的密度矩阵在此交换过程中并没有发生改变。我们需要强调的是，状态 $|A_m\rangle$ 与 $|B_l\rangle$ 本身代表什么并不重要，重要的是系统 A 与 B，A 与 E，B 与 E 及 E 中子系统间的关系或相应的密度矩阵。

另外注意：上两式并没有讨论玻色子与费米子的区别。

5.2.2 暂时全同粒子法则

下面将上一节的全同粒子法则稍作推广。

暂时全同粒子：如果两个粒子交换，在 Δt 时间段不引起任何可观测的物理现象，那么称此两粒子暂时全同。

真正考虑暂时全同粒子之前，让我们在上一章的理论框架下探讨一下什么时候粒子才能被观测到。假设粒子一直与环境深深地纠缠在一起，那么我们将难以观测到此粒子。这种情形与本章将要讨论到的暗物质粒子面临的处境类似。相反，如果一个粒子总是几乎孤立于环境或表现为纯态，那么它亦很难被观测到（也可参见第四章的论述）。事实上只有当粒子从与环境纠缠转变成纯态，或从纯态重新变成与环境纠缠的过程中才较容易被观测到。

现在，设想另一个场景，此场景中有一个基本粒子 D 与一个几乎孤立的多粒子纠缠系统 S。其中基本粒子内在自由度为 P，P 是个巨大的自然数，某时间段内该基本粒子与环境的奇异值分解中有 m 个主值极小几乎为 0，因此其真实自由度为 $P-m$。而孤立的多粒子纠缠系统由 n_c 个粒子组成，每个粒子的内在自由度为 p，因此，其总自由度为 p^{n_c}。现假设，在此时间段内刚好 $P-m=p^{n_c}$ 成立，则先把多粒子系统的纯态从 W 中分裂出来，再用奇异值分解剩下的部

第五章 大脑的基本物理模型

分可得到

$$|W\rangle = [\lambda_1(\sum_{l}^{P} d_{1l}|D_l\rangle) \otimes (\sum_{j} C_{1j}|E_j\rangle) + \lambda_2(\sum_{l}^{P} d_{2l}|D_l\rangle) \otimes (\sum_{j} C_{2j}|E_j\rangle) + \ldots + \lambda_{P-m}(\sum_{l}^{P} d_{(P-m)l}|D_l\rangle) \otimes (\sum_{j} C_{(P-m)j}|E_j\rangle)] \otimes (\sum_{k}^{P-m} s_k|S_k\rangle)$$

(5-4)

注意上式中不必对复合粒子系统 S 进奇异值分解的原因是因为我们一开始就假设 S 大致孤立。

假设其中 m 个消失的项能够保持近似为 0，但消失足够长的时间（$>\Delta t_c$），那么我们便可交换上面的 D 和 S 而不至于引起任何可观测的物理现象。注意此时，不像上一节全同粒子的情形，D 和 S 的自由度并没有真的相等。这里的关键是它们的等效自由度在此时间段一样。当然，有人会马上反对说既然 S 孤立，它的自由度其实可看成 1，但要注意若只是在某个瞬间，这是正确的，若在一个时间段，且 S 各个能级差较大时（即它扫过 p^{n_s} 个态的时间较短时），那么它本质上不能被看成是维度为 1。正因为这个原因，这需要粒子 D 的 m 个项消失的时间要大于 S 大致"扫过"所有可能态的时间，这样 S 才能被真正看成有 p^{n_s} 个自由度。

在交换 D 与 S 之前，我们需要严格定义在 S 处于孤独期间，哪些才是可观测的物理。显然由于 S 孤立，S 中各粒子间的关系并不是可观测的物理[①]；而 S 与 D，D 与环境 E，S 与环境 E 间的关系或密度矩阵皆为此时间段可观测的物理。

如果它们等效自由度相等，那我们可交换 D 与 S，式（5-4）改写成，

$$|W\rangle^I = [\lambda_1 |S_1\rangle \otimes (\sum_j C_{1j}|E_j\rangle) + \lambda_2 |S_2\rangle \otimes (\sum_j C_{2j}|E_j\rangle) + \ldots + \lambda_{P-m}|S_{P-m}\rangle \otimes (\sum_j C_{(P-m)j}|E_j\rangle)] \otimes (\sum_k^{P-m} s_k (\sum_l^P d_{kl}|D_l\rangle))$$

(5-5)

在此，再次强调量子态 $|S_i\rangle$ 与 $(\sum_l^P d_{kl}|D_l\rangle)$ 本身对应于什么并不重要，此时，显然真正有物理意义的密度矩阵并没有改变。事实上，在时间段 $t \to t + \Delta t_c$，我们的世界最起码处于式（5-4）和（5-5）所描述的两个量子态的叠加态，即 $C_1|W\rangle + C_2|W\rangle^I$。容易证明如果 S 不纯（或不大致孤立）时，S 和 D 不能暂时全同。

即使，自从 S 和 D 交换后，初看起来物理并没有任何变化，但这只是在一定时间段内的情形。再往后，D 的 m 个消失的项将逐渐起作用。D 往后的动力学可大致由下式描述：

[①] 这也是为什么若 S 不孤立的话，无法使用暂时全同粒子法则的原因。

$$|D(t)\rangle = \sum_{l}^{P} \sum_{k}^{P-m} s_k d_{kl} e^{i\omega_l^D t} |D_l\rangle \qquad (5-6)$$

其中普朗克常数设为1，并且记

$$\omega_l^D = \omega_l^{D_0} + \frac{\sum_{k}^{P-m} s_k d_{kl} \omega_k^{S_0}}{\sum_{k}^{P-m} s_k d_{kl}} \qquad (5-7)$$

式中 $\omega_l^{D_0}$ 和 $\omega_l^{S_0}$ 分别代表了基本粒子 D 和复合粒子系统 S 在交换前的各能级。

物理上，最终基本粒子 D 会重新与环境深深地纠缠在一起，而 S 里的粒子自从交换后便被置换到了他处。因此，物理上我们将观测到 S 系统的复合粒子逐渐消失。另外，要注意暂时全同中的交换不具有时间对称性，这与全同粒子中的交换操作有着根本的差别。

最后，需要指出，暂时全同粒子法则可从第四章的最大信息获取原则推导出来，而暗物质粒子可与孤立复合粒子系统通过暂时全同发生交换的关键在于下面两点：

一，短时间内的孤立使得复合粒子系统在此时间段系统内部粒子间的关系不能作为可观测的物理量呈现。

二，基本粒子 D 的自由度较大，才有可能使其某些自由度分量极小而等效于 0，进而使得其等效自由度可与复合粒子系统的总自由度相同。

5.2.3 如何捕获和稳定内在自由度巨大的基本粒子

正如图 5-1 和图 5-2 所示，上小节理论其实已提供了一个简易的捕获此类基本粒子的方法。首先准备若干多粒子系统，这些系统的粒子数分别为 2, 3, 4, 5 … n，且每个粒子的内在自由度皆为 p，假设这些系统皆大致孤立，且 n 足够大，则 p^2, p^3, p^4, … p^n 中应该至少存在一个数比如 p^{n_c}，非常接近某素数[①] P；这样此 n_c 个粒子的复合系统就容易将自由度为 P 的暗物质粒子置换过来，但由于此类基本粒子不与其他普通粒子发生作用，因此它将重新弥散于空间中。表面上看，这 n_c 个粒子消失了。这是可观测的实验现象。若此预言被证实的话，可一定程度上证明暗物质粒子的存在（此类基本粒子极有可能为其中一大类暗物质粒子）。

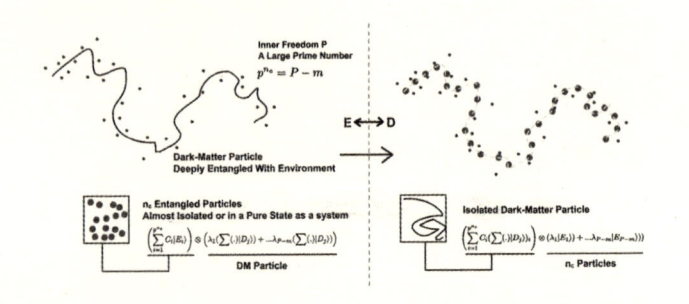

图 5-1 利用暂时全同粒子法则捕获暗物质粒子

---

① 假设基本粒子的维度为素数的话。

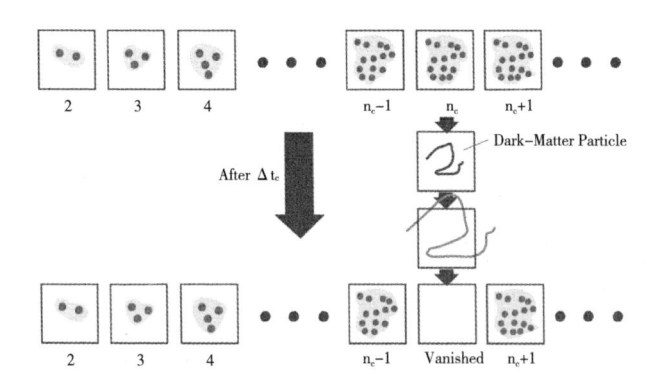

图 5-2 如何证明存在暗物质粒子

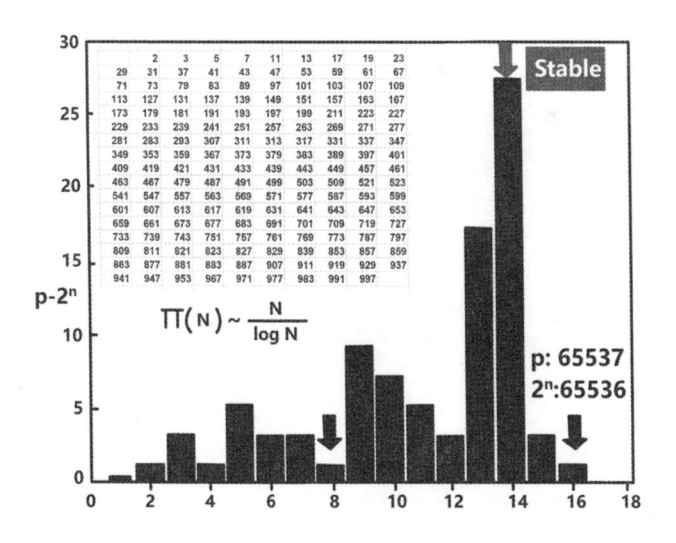

图 5-3 质数 2 的 n 次幂与其他质数的接近程度。

图 5-3 给出了 $p = 2$ 时，不同粒子数目的系统与暗物质粒子的全同程度图。另外，寻找这特定的粒子数目 n_c，与寻找 Mersenne 素数相仿。Mersenne 素

数是指 2 的指数减 1 的素数。当然，确定 n_c 应该比找 Mersenne 素数困难。但由于我们每个人都有意识，而意识主体的自由度必须是类似这样的数。因此可能得到三个推论：

（1）存在某种特定的 p（或存在某种特定的基本粒子①），几乎存在有不计其数的自然数 m，使得 p^m 接近某些素数。

（2）目前，基本可确定人类几乎每个人都拥有自己的意识（即不会与他人共享意识②），因此至少有 10^{10} 以上的量级的 m 使得（1）成立，而 m 自己的数量级则大概会在 10^{15} 以上，甚至接近摩尔量级（10^{23}）。再加上两两相同的概率非常小（比如小于 0.000001%），使得这个量级进一步增加。除非有一种机制使得大脑会去自动寻找不与其他人雷同的 m。当然，另一种可能性是大脑使用了超过两个以上不同种类的粒子（具体见 5.5 小节），相当于有多种不同的 p。

（3）除了意识主体需要自由度巨大的基本粒子来承担以外，各种体验模式比如红色的视觉体验可能也得由某种自4由度中度的基本粒子承担，这类基本粒子或许也得用上面的机理捕获，它对应的 m 可能大小为 10^5 左右，而人类的体验模式可能有几百种，

---

① 目前笔者倾向于认为不止一种通常的基本粒子或分子参与构成这些相对孤立的量子系统。
② 见附录一的意识科学第一大基本定律。

也即这 10^5 个可能的 m 中得有大约 1000 千个 m 使得 p^m 接近某个素数。我们或许可利用这点来找到 p 本身，但如果有多个 p 的话，问题就会变得比较复杂。

后面我们还会专门来讨论这个问题。

另一个有趣的问题是：我们能否稳定这些自由度巨大的粒子？因为似乎此类物质（或许就是暗物质）几乎不与普通物质作用，故看似我们是无法稳定它的。其实知道如何捕获它，那就应该知道如何稳定它。从上面的讨论我们已经知道，暂时全同粒子法则或许是操控此类粒子唯一行之有效的方式，因此我们或许仍可用此法则来稳定此类粒子。

图 5-4 给出了一个可能方案：再多准备一个（甚至多个①）几乎同样的多粒子系统。其中一个 A 盒里刚好有 n_e 个粒子，另一个 B 盒含 n_e-1 个粒子。这样，A 盒的所有粒子会被 D 粒子置换掉，但不久暗物质粒子可能跑出盒 A。然后在 B 盒加进一个粒子，这样 B 系统与暗物质粒子暂时全同，已经部分跑出 A 盒的 D 粒子将被置换进盒 B 中。而 B 盒的粒子则被瞬间挪至 A 盒，由于在置换瞬间，D 粒子本来已经部分跑出 A 盒，因此会有部分粒子落于 A 盒外。然后，过一会再重新补齐 A 盒的粒子，这样 B 盒中的 D 粒子又可再次被置换过来。

---

① 下一章中，笔者认为在人意识清醒时大脑会用上亿个甚至几百亿这样的系统来稳定意识主体。

就这样不断地给这两个系统加入适当的粒子,D 粒子(暗物质粒子)就有可能被稳定于这两个盒子里。

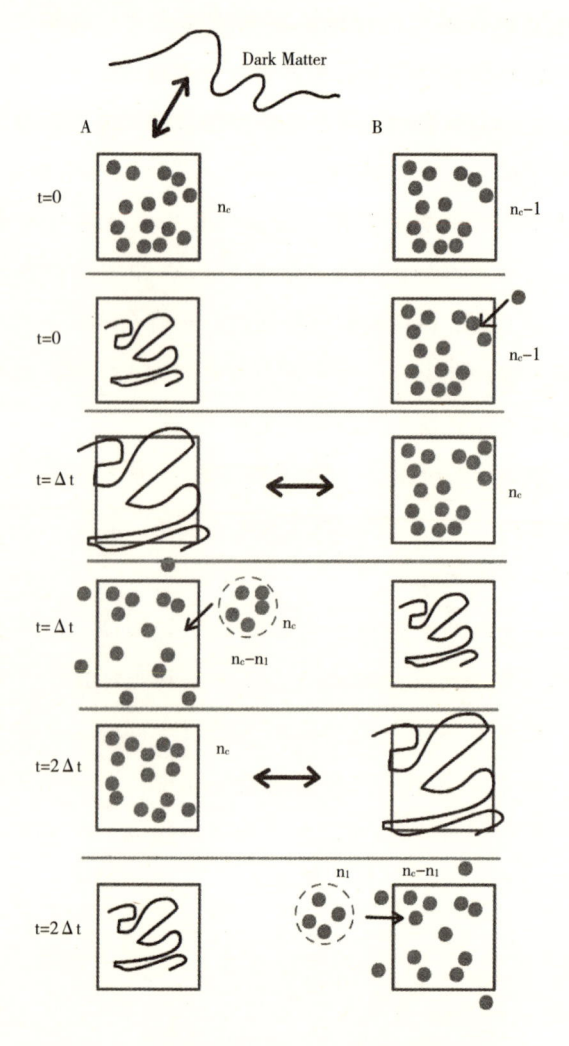

图 5-4 利用暂时全同粒子法则稳定暗物质粒子

当然，实际操作中可以一直不断地往盒子中充粒子，然后通过控制盒子的大小等因素，使得盒中的粒子数总能以最快的速度补充到恰好为 n_c。另外，为确保暗物质粒子可被真正稳定住，往往需要准备成千上万甚至更多的"盒子"。

5.3 大脑的物理模型

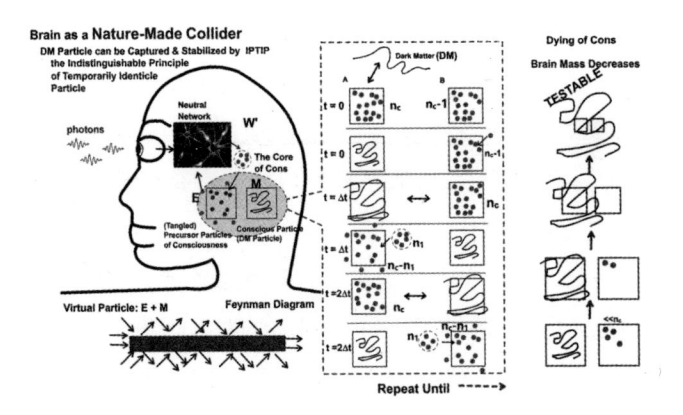

图 5-5 大脑的一个物理模型

根据上一节的理论，可构造一个简单的大脑模型。如图 5-5 所示，此模型认为大脑中有两个几乎完全全同的相对孤立的多粒子量子系统，大脑通过源源不断地、非常精巧地向它们输入特定数目的粒子，来使它们交替地与某个自由度巨大的基本粒子①暂时全同。

这样，**此基本粒子便可被两个量子纠缠系统稳定于大脑中，暗物质粒子再利用它的内在属性来体验世界，产生意识。**具言之，多粒子系统利用它与意识主体的全同，准备好意识体验的信息结构（骨架），然后再利用意识主体（暗物质粒子）的内在属性来产生体验本身。

往该两个系统输入粒子的过程相当于输入刺激信号，而漏出粒子过程相当于大脑或意识做出响应。

另外，此模型和下面的大脑模型皆预测，意识在死亡过程中其重量会减少一点，减少的重量可能相当于普通红细胞的质量。如果想验证此预测，需花巨资（几十亿人民币甚至更多）专门制造一个精密的测量仪器（实验设计方案见第七章）。

此大脑模型看似完美，但存在一个严重的问题，如果这两个系统其中一个被损坏，那么此基本粒子将会重新弥散于空间而导致意识死亡，即上述大脑模型中的意识不太稳定，这显然与事实不符。因此，大自然不可能采用如此简单的模型。

下面给出一个更完善的、可解释意识产生的大脑

---

① 虽然笔者非常希望在此处称这大类粒子为暗物质粒子，但笔者显然不敢使用暗物质这个词，因为许多物理学家会有大的意见。另外，笔者想了很多候选名字，比如意识粒子、意识场，但觉得都不妥，似乎都逃脱不了被攻击的命运。最后注意，每个意识主体对应的基本粒子的种类都不相同，这种差异就像电子和夸克之间的差异一样大。

模型。此大脑模型概括为：大脑准备了若干个（上万亿个，10^{12}）多粒子量子系统，其中每个多粒子量子系统（分布于某类神经元的突触内）都几乎孤立且基本全同，然后由一个自由度巨大的基本粒子不停地与它们交换来稳定这些量子系统，再通过这个基本粒子的内在属性来产生意识体验。具体模型的描述见下文。

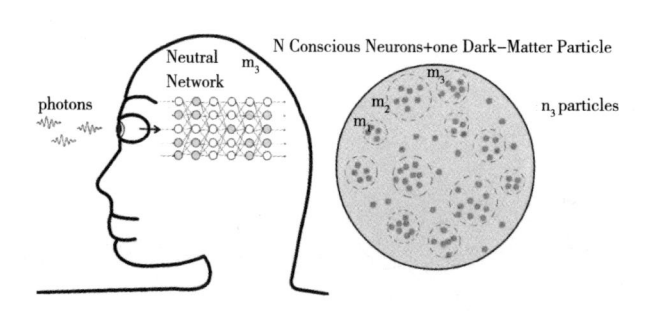

图5-6 意识主体与神经网络的相互作用

意识神经元

事实上，大脑中有一大类神经元，这类神经元中神经元的大多突触都可能产生一个与意识主体对应的基本粒子暂时全同的多粒子纠缠系统。假设这类神经元突触总共有 N 个（N 的数量级可能高达上万亿）。但在不同的时刻可只有其中的 n（$<N$）个才真正与意识主体粒子暂时全同，这样这 n 个就可一起稳定意识主体粒子。并且 n 的大小跟大脑的状态有一定联

系，总体而言，当眼睛睁开清醒时，n 比较大，当睡眠时 n 较小。事实上，我们可大致认为这些神经元中的多粒子系统就是上一章中的意识前置系统。

意识为什么如此稳定

上述机制使得意识基本在大脑没受到很大伤害时，皆可被稳定，事实上只有当 $n<2$ 时，作为意识主体的（暗物质）粒子才会真正离开大脑，重新回到太空中。但即便如此，问题也不大，只要将来 n 能重新变大，意识主体仍可回来。一般而言，当 n 较小时，我们人会处于昏迷状态。n 值不是特别大，也不特别小，且满足某些特点时，我们处于做梦状态（当然梦比这复杂，不完全由 n 的大小决定）。n 值比较大时，我们处于清醒的状态。

意识主体与意识神经元作用

对于意识主体而言，这 N 个意识神经元主要用于稳定意识主体（通过全同粒子法则）。而对于神经元或整个神经网络而言，意识主体的作用是使得神经网络的连接或信息交流能够超越物理连接的限制。事实上，相当于这 n 个与意识主体暂时全同的神经元突然贯通在一起，并可进行一定程度上的信息交流。

务必注意，量子效应本身并不产生意识，量子效应只是促使神经联接突破空间受限。量子效应用于稳定可真正产生意识体验的内在自由度巨大的基本粒子。真正产生意识体验的是内在自由度巨大的基本粒子的内在属性。

意识神经元的工作原理猜想

意识神经元要正常工作需要满足几个要求：

（一）它能够使得超过 10^{21} 个[①]某种基本粒子纠缠在一起形成一个几乎纯的量子态，或许微管或突触小泡结构能满足此要求，它应该类似于一个具有某个特定数目空穴的组织结构，只要当足够的信号物质"流过"此空穴时，便自动被填满，从而与意识主体发生暂时全同。

（二）所有此类神经元中相应的结构具有同样数目的"空穴"，这个数目应该由基因和某些后天因素决定，并且几乎每个人的此数目都不一样，不然将出现多个人共用一个意识的情形。后文将会根据这点来推算一下需要多少数目的"空穴"。

（三）若只有一种或少量几种基本粒子（或生物分子）参与构成纠缠系统亦会有大问题，因为它无法解释人为什么有如此之多的体验模式。为了解决这个问题，笔者认为在一个纠缠系统里，还存在诸多个子纠缠系统。如图 5-6 右所示，可能某 m_1 个粒子组成子纠缠系统，然后它与其他所有 m_1 个粒子所组成

[①] 事实上，这个数目只对只有一种基本粒子参与量子纠缠的情况下是正确的。但极有可能，大脑使用了多种粒子（甚至是生物分子比如神经递质），这就会使得这个数目急剧下降。

的纠缠系统一起和另一个自由度较小的暗物质粒子 D_1 相互稳定对方。可认为暗物质粒子 D_1 内在属性就对应于某一体验模式，基本每一个体验模式都对应这一类暗物质粒子。关于体验模式，后文还会详细论述。一般 m_1 大约在十的五次方量级，但我们人类可能有几十至上百种体验模式（此数目较难确定），而 5.5 小节提供了另一种实现方式。

根据上面的讨论，我们猜测在大脑中可能不止一种自由度较大的基本粒子，不过只有意识主体对应的基本粒子对每个人来说才具有独特性，才具有指纹特性。而大脑稳定其他自由度巨大的基本粒子（各种体验模式及各种本能），则不具特有性，即会与其他人的体验模式或本能对应的基本粒子全同。

5.4 意识的进化

上一节的大脑模型可用于讨论意识的进化过程。

起初，大自然只是想利用简单的神经连接来实现刺激响应反应，这样生物便可更好地躲避危险、寻找食物。

为适应各种更复杂的环境，大自然逐渐进化出了更复杂精妙的神经网络，以实现更复杂细致的功能。

但当神经网络越来越庞大，越来越复杂时，大自然却发现神经元间的信号传递受到神经元联接的极大限制。大自然发现这里是有个极限，通过增加网络的

第五章 大脑的基本物理模型

复杂程度再也不能增加新的功能了,或者说神经网络在深度上已饱和。

幸好,有些生物通过变异突然发现了解决上述联接受限问题的办法。它们发现如果有些神经元能够在其内部形成相互全同的量子系统的话,且每个多粒子量子系统包含的粒子数 m 恰当①,这样它们就有可能被一个自由度巨大的基本粒子(一般为暗物质粒子)所稳定。这些本来没有真正通过树突联接的神经元便可通过全同效应进行部分的信息交流了,从而使神经联接超越了物理空间的限制。

此时 m 一般较小,虽然稳定这些多粒子量子系统的基本粒子的内在属性可产生一些稍微复杂一点的意识体验。但我们还不能认为这些生物有意识,此时意识主体只不过用于帮助物理上没连在一起的神经元实现少量的信号交流而已。这主要基于两个原因:一,由于 m 很小,因此它不具备独有性,即可能成千上万个生物个体的 m 值都一样,因此它们大脑中的意识主体其实由同一种基本粒子承担,也即这些生物个体将同时共用一个意识;二,由于进化的连续性,这样的意识主体现在其实也没有真正消失,甚至仍然存在于我们大脑中,但现在我们已不称它们为意识主体,它们一部分成为某种体验模式的某些前置粒

---

① 注意事实上可能是多种粒子甚至是多种分子,因此这里的 m 这个数目并不是一个很恰当的提法,可权当认为 m 大小只是用于表示量子纠缠系统的复杂性。

子，即它们可能后来发展为红色或某种声音的意识体验所对应的前置粒子（暗物质粒子），另一部分则发展成控制和协调各种动作模式的本能。

虽然上述的模式一定程度上解决了信号传输的问题，但若将此机制运用于动作响应才更有价值。然而，致命的是，当 m（比如 $\sim 10^5$）比较小时，几乎所有的生物都共用同样的 m，这导致它无法很好地控制如此之多的响应动作，最后，它只能做相当于"本能反应"的刺激响应。

解决太多个体共用意识主体问题的方法非常简单：增加这类神经元中多粒子量子系统的粒子数目 m 的大小。

低等动物：当然，对于昆虫类等低等的小动物，它们若只有一种粒子或分子参与纠缠的话，增加 m 几乎是无望，因为它们这个群体的数量实在太过庞大了。有人估计地球至少有 10^{20} 个昆虫，若要使两两的意识独立，m 至少得在 10^{40} 以上，相当于每个神经元里有 10^{17} 摩尔的粒子形成量子纠缠，这根本不可能发生（注：一摩尔水分子质量就有 18 克）。因此，必然有大量的昆虫共用一个意识，故昆虫相当于完全无意识。

中等动物：而对于稍微高级点的动物，m 或许已经比较大（比如介于 10^9 到 10^{15} 之间），但由于各种原因，仍然不能完全排除不同个体共用同一意识的可能性。比昆虫好一点的是，这类动物的意识主体已可真切地有各类意识体验了，意识主体也可以一定程度上控制个体的动作。当然由于是多个个体共用一个意识主体，因此仍然有大量的动作是动物本能或"无意识"地完成的。这些因素使得意识主体可能无法形成"自我"的概念，另外意识主体的内在自由度仍不够大，再加上需同时接受多个个体输入的感官体验，因此，这些动物日常基本处于浑浑噩噩的状态，分不清做梦和现实。

此外，这类动物求生的欲望及动作基本都是本能的，并不来自意识主体。因为对意识主体而言，某个体死亡，意识主体并没死，事实上只有当所有它所控制的个体都同时死亡时，它才会真正死亡。因此，在一定意义上，此类动物的意识是永生的，即便个体会死去。或许像鱼类等动物就属于这类动物。

虽然这类动物也有了真正的意识体验，其意识可控制个体的动作。但由于意识主体可以永生，故意识主体没有太多保护个体生命的动力和对危险的恐惧感，它们的每个个体在应对环境变化方面的能力仍不够，需要繁衍大量的后代方能保证种群不灭绝。

中高等动物：中高等动物，m 值继续增加。有些意识主体只控制一个个体，有些控制两三个个体，因此，这些动物的大部分行为都乃意识主体所为，本能虽然亦参与，却已不占主导。由于此时个体死亡极有可能意味着意识主体的真正死亡，因此意识主体会开始关心如何保护个体的安全，意识主体也开始有了恐惧死亡的思维。

然而，由于意识主体通常仍然需要同时控制两三个个体，因此，它们难以形成自我意识，而且共用意识也会使得意识在一定程度发生混乱，另外，它们也一样难以分清现实与梦境。

当然，唯一的好消息是，它们既可以像人类一样比较好地控制个体行为，比较好地体验生活，又有可能像中等动物一样近乎永生（当然意识主体真正死亡的概率仍然很高）。

高等动物：或许与人类接近，若干高级动物基本一个意识主体只拥有一个个体，此时 m 很大很大，比如 10^{20} 以上，这样每个个体的 m 都可以不一样，重复的几率几乎为 0。此时，大自然为了让生物体获得最大的智慧，在残酷的生存竞争中获胜，被迫放弃了意识可以永生的诱惑，让一个意识主体只能驾驭一个个体，这样生命体就不再浑浑噩噩度日了，也有可能逐渐分清楚现实与梦境。

当然代价是对死亡深深的恐惧，以及不能永生。对死亡的恐惧是为了保护生物个体的，一般高等动物后代的数量往往比较少，因此极其需要它们每个个体都得高度对自己的生命负责。

5.5 意识相关的计量学

多粒子量子系统粒子数目的估计

为简单起见，假设只有一种基本粒子或生物分子参与纠缠。另外，假设由于量子纠缠系统所用于纠缠的基本粒子或分子性质极佳，其自由度 p 使得 m 较大时，p^m 都能够接近某个素数。现在问：假设人类总数为 n，那么 m 大概需要多大才能使得即便 m 随机取数，都基本不会导致有两个人共用意识？

假设不共用的概率为 ρ（比如为 0.9999%）。

所有人都不重复的可能组合数：C_m^n（即从 1 到 m 中取出 n 个不重复的数的可能取法）

所有可能的组合数（包括共用意识的情形）：m^n（盒里放有 m 个球，球上分别写着 1 到 m，然后从盒子取 n 次球，每次取了之后都重新放回去。）

因此，可得

$$\rho = \frac{C_m^n}{m^n} \qquad (11-8)$$

两边取对数可近似得到：

$$m = n^2/2(1-\rho) \qquad (11-9)$$

若取地球人口为 50 亿，可得 m 大约为 10^{21}。这个量级还是基本合理的，但如果，人口再增加一个数量级的话，且 m 不变的话，那么两人共享意识的可能性将大大增加。

当然，或许大脑有一种机制使得它会去"查重"，即婴儿刚出生至两三岁间，它会不断地以某种方式"扫频"，直到找到某个没有被别的意识用过的 m，且 p^m 离某个素数较近。这种可能性虽然极难排除，但似乎也不是很大，因为找到之后，需要有种机制将这个数字告诉所有可产生意识的神经细胞，甚至使得细胞再生时对应的也是这个数字。当然，目前有实验表明，存在一种巨型神经元[①]，它可横跨整个大脑皮层，如果这些神经元专门用于产生并管理具有某种特定"数字"的盒子（突触小泡）的话，那么就有可能解释上面这种机制：即 m 其实是由一个或几个神经元决定的，这样 m 就有可能具有高度一致性。

另一种可能性是，这个数字由基因决定，DNA 中应该有一段基因专门决定这个数字，使得每个人的几乎都不一样。孪生子可能基因完全相同，但意识却不共同，这个事实表明基因似乎不能完全决定这个数字。

笔者倾向于 m 的大小主要由基因决定，但出生之后会不断地以某种方式"扫频"找到没被人用过的 m。

当然，即便如此，全球中有若干对人共享同一意识主体的可能性也还是有的。但即便此现象确实存在，也难以被觉察，因为当事人可能会被认为精神有异常。

注意：事实上，大脑中用于参与纠缠粒子种类不止一种，因此 m 可大大缩小。

意识相关的计量学

显然，上面的讨论太过理想化。下面将这章的思

---

① Sara Rearoon, Nature 543, 14, 2017.

路应用于真实的大脑模型里,集中讨论意识主体对应的物理系统(下章再讨论本能对应的物理系统)。

先给出意识计量学所基于的假设(参考下章内容)。

假设1:假设地球上70亿人中每个人的意识主体粒子都不全同(或内在自由度不相同)。不然,根据意识科学第五定律(附录),将发生一个意识主体同时体验多个躯体的情形,显然与现实不符。

假设2:大脑某些神经元突触里存在某些突触小囊泡,当这些小囊泡充满若干神经递质分子时,这些神经递质分子中的某些电子、质子或中子能够形成相对孤立的系统,并在这短暂的孤立期间与大脑意识主体粒子暂时全同。注意不是所有的突触小泡、所有神经元都有此功能。

假设3:假设这些突触小泡的尺寸约为100纳米或体积约为100万立方纳米,神经递质分子平均尺寸为1纳米或体积1立方纳米。即一个小泡大约可容纳100万个递质分子。

假设4:假设这些递质分子总共有 m 种(至少200种以上),可分成两大类,一类为模式递质(可能有200种),一类为补位递质(至少20种)。其中模式递质的特定数目组合将几乎完全决定意识主体的体验模式。比如在视觉区,特定数目的特定模式递质分子的组合将形成红色的体验,而且假设不同的人大致同类的体验模式对应的模式递质分子及组合方式都相同。补位递质的作用是为了"凑数",为了使不同

· 145 ·

的此类突触小泡最终都能与意识主体粒子暂时全同。通常可认为补位递质分子量较小，比如像多巴胺和致幻剂类型的神经递质可认为是补位递质。

假设5：假设最终可用于组合的基本粒子（或亚原子粒子）种类为 M 种，第 i 种神经递质分子里可贡献的第 j 种基本粒子数目分别为 n_i^j（其中上标不是表示次方），第 j 种基本粒子（或亚原子粒子）的内在自由度记为 p_j。

显然，若不区分模式递质与补位递质。那么，一个意识主体对应的此类突触小泡里暂时孤立系统的内在自由度可写成

$$P \approx \prod_{j=1}^{M} p_j^{N_T^i n_i^j}$$

式中大写 P 表示意识主体的自由度，大写派表示相连乘。上下标记号相同表示加和。某个突触小泡里的第 i 种神经递质的数目为 N_T^i。两边取对数可得：

$$N_T^i n_i^j \ln p_j = N_T^{i_B} n_{i_B}^j \ln p_j + N_T^{iM} n_{i_M}^j \ln p_j = Const$$

其中，中间分开写成补位递质与模式递质的贡献，最后一个等号表示在同一大脑里不同神经元里的意识主体对应的突触小泡的自由度的对数为常数。或许，以后可用实验检验上等式。

注意，上式中，模式递质数目的组合 $\{N_T^{i*}\}_M$ 决定了体验的模式类型，不同的人或不同意识主体这一项不变。真正决定什么是你的或你的意识的指纹信息

在补位递质数目的组合上 $\{N_T^{i_k}\}$。

下面证明 $M>1$，即涉及的基本粒子（或亚原子粒子）的种类必须大于 1。若等于 1，那么由于突触小泡里只有约 100 万个递质，每个递质至多贡献大约 100～1000 基本粒子（即与其分子量相当），这样只能产生至多 10^9 不同的意识主体，而地球人口总数 10^{10} 量级，显然会有许多人共享意识主体，这事实不符。

如果 $M=2$，那么可能可行。因为此时可至多产生总数 10^{16} 到 10^{18} 量级不同的意识主体。当然实际中有可能 $M=3$。

目前一个简单的猜测是 $M=2$，为基本粒子电子和亚原子粒子质子。更具体一点的猜测是，递质分子的外层电子与 H 正离子（即质子）会真正参与构成此暂时孤立体系，而递质分子中其他原子只是提供将这些电子与质子聚拢在一起的框架。

显然，如果意识主体是电子的话，那么全宇宙几乎有无穷多个电子对应的意识主体粒子。同样的道理，你意识主体对应的基本粒子的数目可能不止一个，可能会有成千上万个，假设这个数目为 n_D，它们都全同，且可能都已聚集于你大脑里，并假设你大脑里可能产生与你意识主体全同的突触小泡的总数目为 n_V，在某一瞬间活跃的数目为 n_A，这活跃的当中处于 D 态的（即被意识主体粒子占据）数目应该就为 n_D 个，剩下的处于粒子态的数目为 n_P（即填满了与意识主体全同的递质分子)。

显然当处于粒子态的数目远大于处于 D 态的数目时,意识主体很容易通过与处于粒子态囊泡进行全同置换影响大脑状态,自由意志的作用明显。反过来,处于粒子态数目较少时,意识较难影响大脑。

特别是大脑逐步死去时,处于粒子态数目极其少。由于全同交换不够频繁,大量的意识粒子必然会利用这段时间"弥散"出突触小泡(因为它类似于暗物质,极少与普通物质发生作用),甚至可能弥散至整个房间(猜测),然后偶尔通过全同交换被重新"拉"回到大脑中,同时把大脑中的电子质子(数目大约为 10^7 个)交换到房间里。

我们可以设计实验检验上述猜想。造一个可屏蔽电磁波的密封的探测电子质子仪器(精度 10^7 个每秒每立方米),放于正在死亡的大脑旁边,看信号的变化是否与大脑死亡有明显的正相关。

前置系统与体验的结构

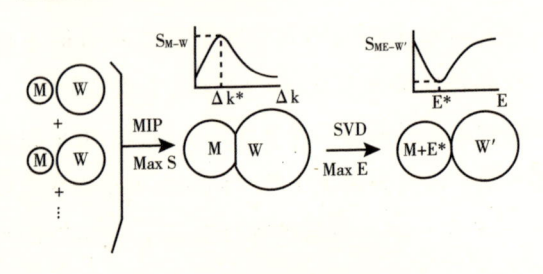

图 5-7 前置系统的定义

如上章所述，单个时刻意识主体 M 不包含关于其相伴世界 W 的信息，因此它会试图将其他时刻的量子态 $|M_k\rangle \otimes (\sum C_{kj}|W_j\rangle)$ 包含进来，直至使得 M-W 的量子纠缠熵取得最大（即所谓的最大信息获取原则 Maximum Information Principle MIP）。我们将此时 M-W 形成的量子态本身定义成该意识的体验片段。这个过程如图 5-7 第一个箭头所示，相当于意识主体不断地将不同的 M 的量子态吞并进来，使得 M-W "接触面积" 或纠缠熵取得极大。

在此体验片段上，我们便可定义其相应的前置系统，我们不断地尝试将 W 中的粒子或系统加入到 M 中，使得加入之后，它可通过奇异值分解（SVD）分解成下式：

$$|D_p(t,\Delta t^*)\rangle = \lambda_1(\sum_{kl} f_{1kl}|M_k\rangle \otimes |E_l\rangle) \otimes (|W'_1\rangle) + \lambda_2(\sum_{kl} f_{2kl}|M_k\rangle \otimes |E_l\rangle) \otimes (|W'_2\rangle) + \ldots$$

(5-10)

其中第一项主值远远大于其余项。不断地增加 E 的"体量"，直至它的自由度到达最大，而 M+E 构成的整体与 W' 的纠缠熵反而取得极小，当取得极小时，就称 E^* 为体验片段 M-W 的前置系统。

根据本章的论述，前置系统 E^* 与 M 构成的系统的量子态也可以表达成

$$\sum_{kl} f_{1kl}|M_k\rangle \otimes |E_l^*\rangle \approx \underbrace{|M\rangle(\bigotimes_{i=1}^{n} G_i)}_{A} + \sum_i |A(M \leftrightarrow G_i)\rangle$$

(5-11)

其中 G 是 n 个神经元中的大致孤立的量子纠缠系统。

为了研究体验片段的结构或其包含的信息，可进一步对其进行奇异值分解（式 5-12）或分析它的密度矩阵。这方面的研究仍有待大力推进。

$$\sum_{kl} f_{1kl} |M_k\rangle \otimes |E_l\rangle = \lambda'_1 (\sum C_{1k} |M_k\rangle) \otimes (\sum D_{1j} |E_j\rangle)$$
$$+ \lambda'_2 (\sum C_{2k} |M_k\rangle) \otimes (\sum D_{2j} |E_j\rangle) \quad (5-12)$$

比如，可用上述的理论说明视觉体验在拓扑上近似二维，而听觉体验为一维。

上面只是理论上阐述了体验对应的数学表达。下面我们将讨论在实际中体验获得的两种可能方式（注意只是理论猜测）。

第一种方式：就如式（5-11）所示，通过"感知" n 个神经元中的大致孤立的量子纠缠系统来获得体验，更具体而言就是前面提到的利用一定的模式递质组合来获得稳定的体验。

第二种方式：当处于粒子态的突触囊泡数目极少时，处于 D 态囊泡多，这使得意识主体粒子大量弥散到空间，它们直接与宏观物质作用（通过引力，意识粒子以此获得位置属性），同时产生体验，这些体验不稳定，体验到感觉可能与第一种方式产生的体验模式完全不同。同时，此过程这些体验也能将极少的信息传回大脑。或许这是濒死体验的理论基础。

第六章

意识的生物学基础

虽然第四章、第五章给出了意识的普遍性理论和大脑的物理模型,但它们并没能真正回答意识的生物学基础是什么。本章将具体从理论上探讨意识的生物学基础,但本章的一些结论与预测仍有待于实验的验证[①]。

6.1 大脑结构

大脑功能与分区[②]

现在,大家基本同意无论意识如何产生,意识的产生都与大脑直接相关,故有必要考察大脑的物理结构。

大脑是几乎所有动物充当指挥中心的神经系统器官,位于头部。大脑是脊椎动物体内最复杂的器

[①] 本章内容主要摘自笔者的文章:Li J. F., *Biological Origin of Consciousness and a Physical Model of Human Brain*, NeuroQuantology 15, 89 (2017).

[②] 本节内容主要参考了维基百科的内容。

官。人类的大脑皮层约含 15 亿~33 亿神经元，每个神经元通过突触连接到数千个其他神经元。这些神经元通过轴突彼此连通成一个巨型的网络结构，并通过动作电位将脉冲信号传递到靶向特定受体细胞或他处。

生理上，大脑的主要功能是对身体其他器官进行集中控制。此类集中控制允许对环境变化作出快速响应。一些基本类型的反应（例如反射），可以由脊髓或外周神经调节，但是基于复杂感觉输入的行为或复杂有目的的控制则需要意识参与。

单个脑细胞的功能与结构我们已经了解得比较清楚了（但并非完全清楚），但是神经元是如何协作的我们则不甚明了。最近的现代神经科学将大脑比作生物计算机，认为其在机械上与电子计算机非常不同，但同时认为它在获取信息、处理信息上又与电子计算机类似。

人类大脑主要分为以下六个部分：端脑（大脑半球）、间脑（丘脑和下丘脑）、中脑、小脑、桥脑和延髓。每个部分又可分成更多的小的部分。下面列出人脑几个重要部分及它们的主要功能：

脑皮质为前脑表面的一层灰质，乃脑器官中最复杂的部分，也是大脑新近才演化发展出来的。对于爬行动物和哺乳动物而言，脑皮质又称为大脑皮层，其分区见图 6-1。许多高级功能与之相关，比如空间记忆和嗅觉等。特别的是，哺乳动物的大脑皮层较大，几乎成为脑的主导，它压制了其他诸多脑区功能。脑皮层通常有隆起皱褶，称为脑回；其间凹进去的沟，称为脑沟。沟回皱褶增加了皮层的面积和灰质的总量，可处理更多信息。

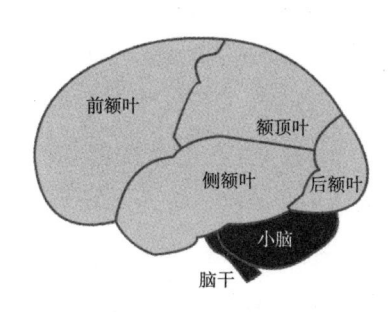

图6-1 脑的分区

延髓，其与脊髓相连接，主要负责非自主运动功能，例如心跳、消化、呕吐。

桥脑属脑干的一部分，在延髓之上。它负责控制一些自主但简单的行为，如平衡、眼动、表情、姿态、呼吸、吞咽、睡眠和膀胱功能。

丘脑含许多功能分散的核团：一些负责大脑半球交换信息，一些和运动有关。丘脑后方的区域可能包含一些运动调节系统，作用于一些"完成行为"，类似吃、喝、排便和性交。

下丘脑尺寸较小，但它是前脑中相对复杂和重要的一个区域。它含许多小的核团，每一核团皆有单独的神经化学物质与之联结。它主要负责协助一些非自主或部分自主的活动，如睡眠－清醒周期、饮食行为，并释放一些荷尔蒙。

小脑主要负责调节其他脑区的输出。不管是和运动相关的输出还是和思维相关的输出，都可使其更加确定与精确。去除小脑并不会妨碍任何特定动作的完成，但动作会变得笨拙和犹豫。小脑占人脑10%的体积，且约50%的神经元数目都在小脑里。

视顶盖（上丘）可让动作指向空间的某个点，通常是对视觉输入的回应。

海马体，一般只在哺乳动物中出现。海马体或许和一些复杂的活动有关，如空间记忆。

嗅球负责处理嗅觉信息，然后将其输出到皮层中负责嗅觉的区域。它是脊椎动物的脑的最主要部分，但是其在灵长类中大幅缩小了。

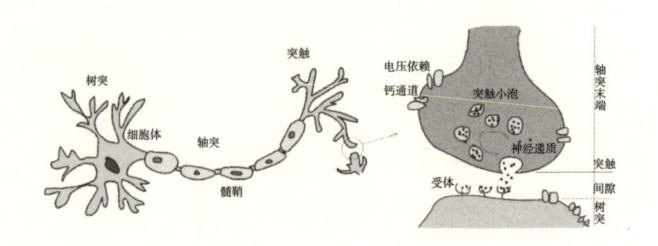

图6－2 神经元的结构

神经元结构

人类大脑皮层含有约15亿～33亿神经元，每个神经元通过突触连接到数千个其他神经元。这些神经元通过轴突彼此连通。

现代神经科学对单个神经元细胞做了大量的研究，基本明确了整个电信号及神经递质的传播机理，但一些细节仍有待确认。

当树突某个分支的受体接收到神经递质后，它会开启旁边的离子通道使膜电位改变，从而将化学信号（递质）转变为电信号。如果多个分支导致的电位变化大于阈值时，它便会触发动作电位，这个动作电位会以不断打开和关闭钠钾离子通道的方式将电位沿轴突传至突触，然后启动钙离子通道，神经递质通过突触小泡运输至膜表面，再通过融合、胞吐等过程将神经递质传输至下一个神经元的树突分支（突触后致）。

由于本章核心任务是探究大脑中意识产生之生物学基础，故需侧重考察大脑或神经元哪些部位与意识产生有直接联系。当然，有人认为意识乃集体浮现现象，考察单个神经元将无功而返。但笔者认为意识非浮现现象，它可被某些量子纠缠系统通过暂时全同法则稳定于大脑中。而这些量子纠缠系统一方面必须相对孤立，另一方面能够参与大脑的活动，起到联接意识主体与外界之作用。而一个量子纠缠系统不太可能跨越多个神经元，故它只能在同一神经元内部，问题是它应该在哪。其次，它必须在一定程度上与神经元的主要活动发生关联。

之前，彭罗斯等人认为微管中存在量子纠缠，但他们较难想象量子纠缠如何参与到神经活动中来。笔者认为它跟意识产生直接相关的概率较低。而费舍尔等人[1]似乎找到证据表明神经递质中的磷原子配位体中可以存在原子核自旋纠缠，这个或许比较靠谱。

笔者倾向于认为某些特殊的突触小泡中的神经递质分子或许会以某种方式发生量子纠缠，然后此量子纠缠系统再与意识主体对应的基本粒子发生暂时全同而起作用。当然这只是个猜测。

故，有必要考察突触小泡运输神经递质的过程。突触小泡半径一般大约只有 17~22nm，膜上有一组蛋白专门负责在 ATP 的作用下将神经递质泵入泡内。通常一个突触上有几十至几百个突触小泡，而待输运的神经递质的种类大约也有 100~200 种，当然不同神经元运输的神经递质亦不尽相同。

如图 6-3 所示，突触小泡运输神经递质经历以下几个过程（以触-跑模式为例）。（1）神经递质被动输入突触小泡；（2）突触小泡聚集于激活区上方；（3）突触小泡对接膜激活区；（4）启动释放；（5）钙离子进入启动融合开孔，同时神经递质释放；（6）通过胞吞脱离激活区。

因突触小泡仅有 20nm 左右，故神经递质的释放过程至今不甚清楚，其仍是当前研究热点。此外，胞

---

[1] Fisher M. P. A., *Quantum Cognition: The Possibility of Processing with Nuclear Spins in the Brain*, Annals of Physics 362, 593 (2015)

吞现象亦从未被直接观察到。比如①，人们认为 SNARE 组蛋白主要用于控制突触小泡与膜的融合及释放递质。但有研究者发现，即便将此组蛋白破坏，仍然有 10% 的释放量，而将另一种被称为 Munc18-1 的组蛋白破坏，则可完全终止此释放。

不管最后的机理如何，这里似乎仍然为我们的理论留有空间。因为我们的理论认为即便小泡不打开，部分递质也可释放出来。具体见下一节。

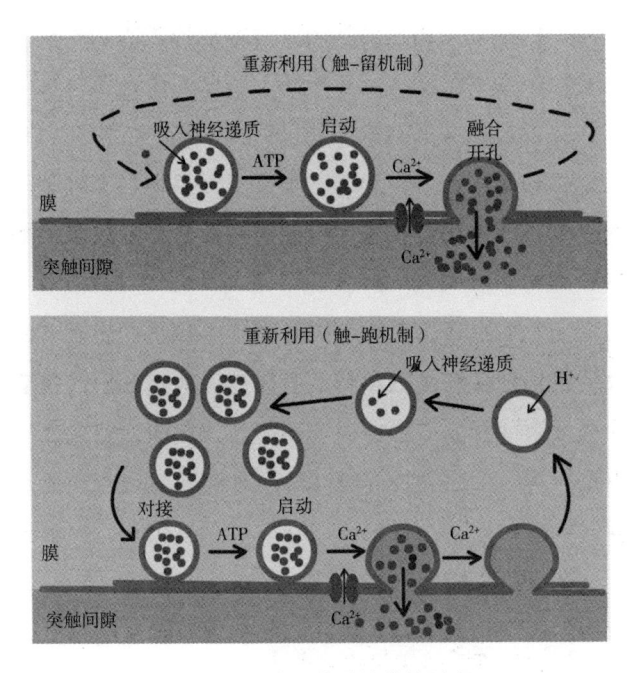

图 6-3 神经递质的传输过程

---

① Sudhof T. C., *The Synaptic Vesicle Cycle*, Annal Review of Neuroscience 27, 509 (2004).

6.2 意识的生物学基础

6.2.1 概述

据上一章理论，意识体验由意识主体不可结构化的内在属性或现象属性产生，而非由其物理属性产生。内在属性或现象属性与物理属性不同，其不可组合，因此意识主体只能是不可分的物理实体，若将不可分的物理实体定义成基本粒子的话，那么可知意识主体为某种非常复杂的基本粒子。另外，据任何全同的意识主体为同一意识这个定律（第五定律[①]）以及人类意识之独有性可知，每个人的意识主体对应的基本粒子种类都应不一样。

上一章已指出大脑使用若干量子纠缠系统通过暂时全同法稳定和局域化此基本粒子。其中每个纠缠系统都可能是较复杂的多粒子系统，它们都可与这个基本粒子暂时全同而发生置换。但上一章并没有指出这些量子纠缠系统究竟对应于哪个大脑区域或器官、具体如何工作、意识主体具体如何与它们发生作用等方面。

6.2.2 神经网络与意识主体

事实上，大脑里实际情形比上章所述图景要复

[①] 见附录一。

第六章 意识的生物学基础

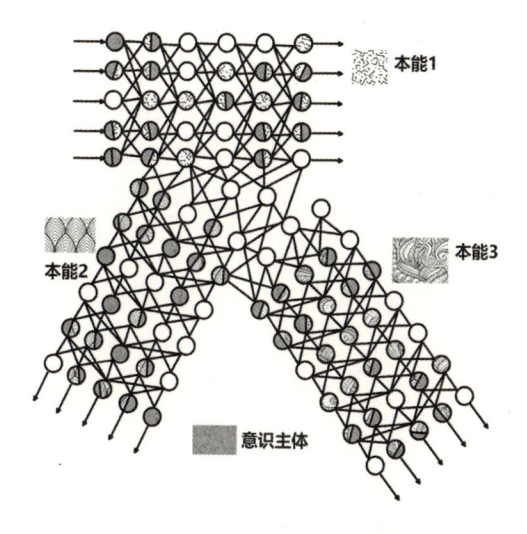

图6-4 其中灰色的神经元里有子系统与意识主体暂时
全同。而其他三个图案填充的神经元里只
存在控制协调局部网络的本能。注意，按
道理这些子系统应该栖居于突触里或
联接线上，但为表示方便，图中
将其画在了神经元上。

杂一些。笔者猜想每个神经元突触里存在不止一个这样的纠缠系统，而且这些纠缠系统可能可以稳定多种意识粒子（两三种），当然通常只有一个对应于真正的意识主体，另外复杂程度较小的对应于某种"本能"，在物理上它可将某个局域的神经网络协调起来，即实现此区域神经元间的超空间联接，进而实现部分信息的共享。如图6-4所示，填充图案的部分就对应"本能"，而粉红色对应于意识主体。

对应"本能"部分，应该更多地将它们看成物理"协调者"或神经网络里的规整子(Regulator)。它们没有太多的"自由意志"。另外,注意,由于"本能"复杂程度低,非常容易与其他人大脑中相应的"本能"对应的粒子全同。故笔者猜测,比如控制某模块功能的"本能"种类可能有限,所以共享度非常高,有可能你某方面的"本能"主体其实是和几百万人共享的。当然,不用作过多联想,共享不代表什么,所有人或所有原子还共享电子呢!

基本而言,意识主体需要有一定方法与"本能"主体及网络作用。这样其一方面可体验到外界的信息,另一方面可协调与参与各种功能,甚至发挥自由意志之作用。

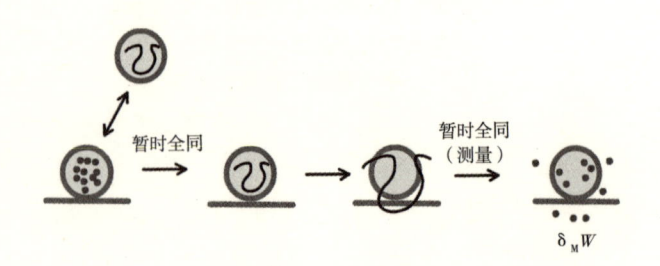

图 6-5 突触小泡可能与意识的产生有关系

6.2.3 神经元与意识主体

如图 6-3,图 6-5 所示,大概在"启动"阶段之后"融合"之前,当神经元里的某些突触小泡装载好恰当的神经递质后,便可与意识主体粒子发生暂时全同,然后与意识主体粒子发生交换,使意识主体粒子从其他神经元的突触小泡里瞬间转移至此小泡中。但小泡无法禁闭意识主体粒子,因为意识主体粒子类似于暗物质粒子,不与普通物质发生作用,因此可能会部分移出小泡。部分移出后,它可能又与其他小泡里的神经递质发生交换,从而使神经递质重新交换回来(注意,神经递质不太可能是刚刚交换出去的那团递质)。此时,将会有部分神经递质"漏出"小泡,漏出的量不确定,此不确定性相当于一个测量过程对应的不确定性。

在神经网络中[①],下一层(k+1层)神经元输出与上层(k层)的关系可表达成

$$x_i(k+1) = g(\sum_j w_{ij} x_j(k) + b_i) \quad (6-1)$$

式中 $x_i(k+1)$ 表示第 $k+1$ 层第 i 个神经元的信号强度,偏置 b 相当于激活电位,g 为某激活函数,w 为 k 层的第 j 个神经元与 $k+1$ 层的第 i 个神经元的联接权重。有了意识和本能调节之后,权重将变成

$$w_{ij} \rightarrow w_{ij} + \delta_M w_{ij} + \sum_I \delta_I w_{ij} \quad (6-2)$$

其中第一项是网络通过类似于普通的深度学习得

[①] 可参考任意一本有关机器学习的书比如 Goodfellow I., Bengio Y., Courville A., *Deep Learning*, 2015.

到的权重；第二项是意识主体引起的修正，其具有不确定性；第三项为若干本能（或局部神经网络协调子）引起的修正，通常一个联接中只有一两个本能协调。

6.2.4 意识主体与神经网络的相互作用

体验之形成

首先，意识主体通过不断与其他暂时全同的系统交换，实现外界环境的体验。此时对应的量子态可写成：

$$c\underbrace{|M\rangle(\bigotimes_{i=1}^{n}|G_i\rangle)}+\sum_i c_i|A(M\leftrightarrow G_i)\rangle \approx \sum_t|M(t)\rangle$$

$$\sum_i c_i(\bigotimes_{i=1}^{n}|G_i\rangle) \approx \sum_t|M(t)\rangle\sum_i c_i|E_i\rangle$$

式中 M 为意识主体，G 为每个联接部分的纠缠系统，E 为前置系统。

体验的时候，意识主体相当于把图 6-4 中粉红的神经元的状态"收集"起来，上式最后一项就是体验内容本身。而此时，M 和 E 的密度矩阵反映了体验内容的结构。

在神经网络语境中，可将上式写成

$$P(\{x_i(k)\}) \approx \sum_t|M(t)\rangle\sum_i c_i(\bigotimes_{i=1}^{n}|G_i(t)\rangle)$$

$$(6-3)$$

即认为体验 P 与神经元的状态 $\{x_i(k)\}$ 有关，而这里的状态主要指纠缠系统的状态 $\{|G_i(t)\rangle\}$。

波的坍塌与自由意志

在另一个意识 M'看来，图 6-5 的第三和第四个过程相当于量子力学中的测量，在意识粒子 M 与复杂的粒子系统置换时，置换后每个粒子的位置在置换（测量）前其实并不确定，其相当于处于一个叠加态，置换后将呈现其中一个态。从神经元角度看，置换（测量）前多少粒子在小泡内，多少粒子在小泡外是不确定的，是叠加态，置换后将选择其中一个数目对 (n_{in}, n_{out})。

对于神经网络而言，此选择最终产生一个综合权重之改变 $\delta_M w_{ij}$；而对于 M'而言这只是一个非常普通的叠加态的坍塌的过程；而对于意识 M 而言，这是它进行施展自由意志的方式，即本质上意识 M 能够控制坍塌到哪个态或决定 $\delta_M w_{ij}$ 的大小[①]。

当然，事实上 M 并不能有计划地非常精细地控制某个特定神经元 $\delta_M w_{ij}$ 之大小，但它能控制某些区域整体神经元联接权重的变化模式 $\{\delta_M w_{ij}\}$，或许可称之为一种自由意志（具体见后面一段的论述）。

虽然，M 可部分自主地控制 $\{\delta_M w_{ij}\}$ 模式的变化，但此变化大部分由之前的体验内容决定，即

$$\{P(\{x_i(k)\}), M\} \to \{\delta_M w_{ij}(k)\} \qquad (6-4)$$

而一个行为或功能 F 的实行一般是意识（δ_M）、

---

① 当然对其他意识 M'而言，这只是个随机过程。

本能（δ_I）和网络（w_{ij}）共同作用的结果，即

$$\{P(\{x_i(k)\}), M\} \to \left.\begin{array}{l}\{\delta_M w_{ij}(k)\} \\ \{\sum \delta_I w\} \\ w_{ij}(k)\end{array}\right\} \to F \qquad (6-5)$$

学习机制

通常，人出生之初，意识主体 M 并不知晓如何实施一些动作，它需要学习，需要本能教它，我们将此学习过程称为**学习机制一**，即

$$\left.\begin{array}{l}\{\sum \delta_I w\} \\ + \\ w_{ij}(k)\end{array}\right\} \to F \\ \approx \{\delta_M w_{ij}(k)\} \to F \qquad (6-6)$$

上式中右边第一行表示，动作直接由本能做出，第二行表示意识主体 M 试图通过近似本能（加上网络自身的权重）来达到自主做出动作 F 的目的，即学习 F。

关于本能教授意识主体的物理机制，笔者做了个初步猜测：在本能反复实践的过程中，在同一神经元里与某几个本能主体全同的几个系统，偶尔会有一段时间同时处于类暗物质粒子的状态（或恰好被置换了），它们明显可挣脱突触小泡的束缚，然后聚在一起与意识主体 M 暂时全同。故 M 就可能获得实施动作 F 过程的体验，通过此体验知道如何实现 $\delta_M w_{ij}(k) \approx \sum \delta_I w + w_{ij}(k)$。

比如，有些小孩在三四岁时都不知道如何自主地控制鼻孔出气，这时最好的方法是让他的本能教他，即让他将嘴巴闭上，那么他不得不用鼻子呼吸。这样他的本能自然会指挥他的鼻子进行呼气和吸气，然后让孩子好好体会这个过程，逐渐地他就掌握了自主出气的方法。

当然，后来婴儿或小孩采用的学习机制通常是意识监督下的学习。与第一个学习机制相反：意识有意识地教会本能做事，或部分地将工作转交给本能，甚至全交给本能，有时是全交给网络。即**学习机制二**：

$$\delta_M w_{ij}(k) \approx \alpha\delta_M w_{ij}(k) + \beta \sum \delta_I w + \gamma w_{ij}(k) \approx \\ \beta' \sum \delta_I w + \gamma' w_{ij}(k) \approx w_{ij}(k) \tag{6-7}$$

（注：上式并不严谨）

举例：运动员不断地训练某个动作，就是相当于在意识监督下训练本能。当然也可以说是在同时训练网络。

最后一种模式跟深度学习类似。基本而言就是通过输出与预期得到权重的改变值来优化网络，达到学习的目的。**学习机制三**：

$$y(P) - y(x) \to \frac{dw}{dt} \tag{6-8}$$

式中 $y(p)$ 为预期的输出量，而 $y(x)$ 为网络输出结果。式中箭头可通过意识监督来实现（跟第

· 165 ·

二个机制类似），也可以通过反向传播（Back Propagation）[①] 来实现，而反向传播又可通过清醒时的回忆或睡眠时的做梦来实现。

上面只给出了学习机制的大致原理，具体可操作的实现方法见下一章。

6.3　意识理论增强机器学习

上一节虽然给出了意识的可能生物基础，非常不幸，其中大多为猜测性的设想，并无实验基础；若被证伪，那么上一节基本无任何价值。

幸好无论上一节理论正确与否，其仍可作为理论用于改进机器学习[②]。因为在机器学习中，衡量一个算法好坏的唯一标准是该算法能否大幅提高机器学习之能力，而其是否能找到神经学依据并不重要。

这一节将简单地介绍一下如何将上一节的想法用于改善机器学习算法。为叙述方便，笔者会用手写数字识别网络为例来阐明此应用。

简单的手写数字识别网络

手写数字（0~9）识别网络或许是目前机器学

[①]　参见任何一本 deep learning 的书。
[②]　机器学习可参考 Goodfellow I., Bengio Y., Courville A., *Deep Learning*, 2005.

习用到的最简单的神经网络了。像 MNIST 数据集①，每张图片的像素只有 28×28。因此我们可以构造这样的一个全联接的网络（784，100，100，100，10）——其输入层 784 个节点，三个隐藏层各 100 个节点，输出层 10 个节点。

其中下一层输出与输入的关系为：

$$x_i(k+1) = g(\sum_j w_{ij} x_j(k) + b_i) \qquad (6-9)$$

激活函数 g 一般取成 **Sigmoid** 或 **ReLU** 函数。比如线性整流 ReLU 函数非常简单，当 x > 0 时 g(x) = x，其他情形 g(x) = 0。

最后一层输出为

$$y_i = \exp\{\sum_j x_j w_{ji}(n-1) + b_j(n-1)\}/Z \qquad (6-10)$$

其中**配分函数**定义成

$$Z = \sum_i \exp\{\sum_j x_j w_{ji}(n-1) + b_j(n-1)\}$$

式（6-10）给出了每个数字的可能性。比如，输入一张图片，若最后 y = [0.01, 0.95, 0.02…] 就表明神经网络认为该图片为数字 1 的可能性最大。

---

① MNIST 数据集可从 http://yann.lecun.com/exdb/mnist/ 免费获取，训练集包含 6 万张图片及相应标记，测试集包含 1 万个样本。几乎所有新提出的算法都喜欢用 MNIST 来检验算法的准确度及速度。

神经网络的普适性原理

每个神经网络都会遇到类似问题：神经网络在经过仔细调整权重和偏置值之后，能否对手写数字进行恰当的分类？

20世纪八九十年代，研究神经网络算法的学者提出了一个神经网络普适近似原理，该原理断定一个适当大小的单隐藏层神经网络，即便激发模式简单，也可无限近似任意非线性函数或映射。这就表明，神经网络理论上可实现大部分可算法化的刺激响应功能。此定理是目前所有深度学习技术的理论基石，事实上也是算法化人工智能的基石。

因此，基于此原理，只要神经网络足够复杂，就应该能够对手写数字进行恰当分类。

为衡量分类的恰当程度，一般会构造一个**成本函数**（Loss Function），目前，通常用**交叉熵**（Cross Entropy）来定义成本函数。

$$L(y) = \sum_i - \hat{y}_i \ln y_i \qquad (6-11)$$

其中 $\hat{y}$ 是数据集（训练集）给出的正确的输出概率，而 y 是待评价的网络输出的概率，加和号表示对分类的种类进行加和，在手写数字识别中共有10类。

反向传递（Back Propagation）

训练网络就是通过各种方法，调整权重及偏置，优化成本函数。

这是个数值求极值问题,最简单的算法是**梯度下降法**,即相信不断沿梯度的反方向跑,必然可走至谷底:

$$\frac{\partial \{w, b\}}{\partial t} = -c \sum_m \frac{\partial L[\{w, b\}]}{\partial \{w, b\}} \qquad (6-12)$$

式中左边表示每次调整的大小,右边表达了梯度的"反方向"。加和号表示对训练集样本整体加和,但实际中,训练集样本太多,计算量非常大,通常每步只会随机在总样本中挑选一小批样本(比如60个)进行加和,从而减少计算量,这种算法称为**随机梯度下降算法(Stochastic Gradient Descent SGD)**。

但上式右边的梯度项的计算量通常仍非常大,后来人们根据求导链式法则发现,成本函数对第 k 层网络参数 (w, b) 的求导,可表达为成本函数对第 $k+1$ 层网络参数求导的函数:

$$\frac{\partial L}{\partial w_{ij}(k)} = \sum_i \frac{\partial L}{\partial x_i(k+1)} \frac{\partial g(z_i(k+1))}{\partial z_i(k+1)} x_j(k)$$

$$(6-13)$$

其中 $z_i(k+1) = \sum_j w_{ij} x_j(k) + b_i$,$g$ 为响应函数。

因此,我们只需要从最后一层开始求导,不断地反向往前求,就能将成本函数关于所有网络参数的导数求出来。具体操作中，我们先正向求一遍，得到 x, z, y 和 L 这些量，然后再**反向传播**"导数流"，求出梯度项。

事实上，大脑神经元中的确存在电位反向传播的现象[①]，但在生理上，它实现的目的是什么我们似乎不甚清楚，有人猜想可能也是为了达到学习训练的目的。

6.4 意识协调的神经网络

正如上章和上节论述的那样，对大自然而言，意识的作用主要为了超越空间联接上的限制，使部分信息实现全网络共享。另外，本能的参与使网络实现了模块化。

本小节主要想通过改进手写识别网络来阐述如何用意识理论改进机器学习。

6.4.1 总体思路

首先，假设已经有一个训练好的网络，此时识别准确率比如为 95%，我们想在这个基础上加上"意识体验"和"意识控制"来进一步提高准确率。

意识主体全局协调作用

根据上一节的论述，神经网络中只有某些神经元

---

① Bogacz R., Brown M. W. and Giraud – Carrier C., *Frequency-based Error Back-propagation in a Cortical Network*.

会产生意识激发,因此在接下来的训练中,我们在每层网络随机挑选 $P_k\%$ 的神经元成为意识激发神经元,它们间的联接成为意识激发联接。注意,意识在实施自由意志时并不能控制到每个联接,因此在这为简单起见,假设同一层联接的意识权重改变量都相等,即

$$\delta_M w(k) = \sum_{k'} \alpha_{k'k} \sum_{P_k\%} x_i(k) \qquad (6-14)$$

式中表明意识权重改变量依赖于体验 $P(\{x(k)\}) \sim \{x(k)\}$,而系数 $\alpha_{k'k}$ 则需要通过训练来优化。注意,上述系数一般都非常小。

训练完成之后,这些系数 $\alpha_{k'k}$ 与激发概率 $P_k\%$ 就完全描述了这个意识的特点。

应用时,只要随机地在每层激活 $P_k\%$ 的神经元,然后代入式(6-14)计算出权重的修正值,然后再重新算一次得到最终结果。注意,上述的意识监督训练并没有改变原来网络的权重。

或许,可以在做完一次意识监督训练之后,固定意识(固定系数 $\alpha_{k'k}$),再用之前的 SGV 法训练权重,然后再进行意识监督训练,如此交替训练直至达到最优。

上面只是意识作用于神经网络的一个较普遍的法则,在具体实施中或许会有所改变(见 6.4.3)。

本能跨个体间的信息共享

当然,在上面的讨论中,只有一个意识在协调,但实际上,局部的功能往往由本能协调,如上章所

述，本能虽然只被局限于某个脑区，但它会与其他个体、其他大脑共享。因此，下面讨论如何加入这类信息共享。

事实上，目前机器学习算法中已经有此类类似本能跨个体共享信息的算法了，有些还非常有效，比如 2015 年提出的 Batch Normalization 算法[①]。下面就以这个算法为例介绍本能对神经网络的作用。

其基本思路：在训练过程中，先正向传播计算一遍，得到初步的每一层节点的 x 值，把一批训练样本（mini-batch）都计算一遍，然后再对每个样本对应的每层 x 值进行批规整化。所谓批规整化就是将某个样本得到的 x 值用此批样本得到的 x 值进行调整，具体计算如下：

$$\hat{x} = \frac{x - E(x)}{\sqrt{Var(x)}}$$
$$y = \gamma \hat{x} + \beta$$
(6 - 15)

其中 E(x) 对 x 的平均是指对这批训练样本对应该节点的 x 的平均，而 γ 和 β 是需要学习的两个参数。提出者认为批规整化可以克服协变漂移（Covariate Shift）问题。

但这个操作多少有点神奇和不可理喻，而且似乎

---

① Ioffe S., Szegedy C., *Batch Normalization: Accelerating Deep Network Training by Reducing Internal Covariate Shift*. arXiv: 1502.03167.

难以想象它跟真实的神经系统中发生的过程有什么关联。因为在真实大脑中，对不同输入样本得到 x 的平均意味着一个大脑似乎要与许多虚拟的大脑进行信息共享，这对于传统的神经学而言多少有点荒唐。

于是，许多人认为机器学习算法早就不必再纠缠其生物起源，只要能从统计学原理上理解为什么它能够有效即可。关于为什么有效，有些社交网络上的文章[①]已经解释得比较清楚，主要就是因为 BN 较好地解决了协变漂移问题。协变漂移主要是由训练集的分布与真实分布有差距引起的，而事实上，可以说谁也不知道真实的分布是什么，但能修正它，修正的方法类似于 Monte-Carlo 方法中的重要性抽样，而 BN 算法正是这样的修正办法。

当然，现在我们知道它也可以有个意识科学理论的解释：在我们的意识理论中，本能本来就可以实现不同大脑间的信息共享。

但很明显 BN 算法在具体修正上跟式（6-14）很不一样。首先 BN 中每层有两个参数 γ 和 β 需要优化，这相当于这个本能只有 2N 个自由度（N 为层数），而普适情形下，本能的自由度跟精细度有关系，式（6-14）认为每个本能只能深入到每层，它无法分辨或控制具体的每个神经元。其次，BN 中只

---

① https://gab41.lab41.org/batch-normalization-what-the-hey-d480039a9e3b#.79tglwx4n

进行了"批"的关联，而不同神经元间并没有进行关联。再次，BN修正的似乎是 x，而式（6-14）修正的是权重。最后，BN中所有神经元都处于意识激活状态。

当然，为了从式（6-14）推出BN算法，可认为神经网可划分成 L 个小区域。一般每个小区域都连在一起，在生理上同一小区域所采用的神经递质组合几乎完全相同。在数学上本能不能分辨同一小区域内的不同神经元，本能对它们的权重值的改变相同。对于BN算法而言，每个小区域其实只有一个元素。假设我们一批训练子集共有 m 个样本。这样式（6-14）可改写成：

$$\delta_M w^m(l, l_N) = \sum_{l'} \alpha_{l'(l,l_N)} \sum_{P_{l'}\%} E(x_i^m(l')) \quad (6-16)$$

式中 E 表示对 m 个样本求平均，权重表示第 l 区域及其相邻区域 l_N 联接的权重，系数 $\alpha_{l'(l,l_N)}$ 需要优化。

6.4.2 意识参与的神经网络的构架

根据前面的讨论，我们提出了意识参与网络一般性的构架。其总体构架设想如图6-6所示，分成三大部分，其中**原始网络** NN_0 的网络参数基本固定，先让输入流过一遍原始网络，并记下该网络的状态或保存每个网络节点的值 x。然后我们认为意识主体 M 可体验到输入节点及原始网络中的部分联

```
NN0: (w0, b0) are fixed.
```

```
Cons Net: (W, b) to be Optimized...
```

δw

δh

$h^{\cdot}(\delta w)+\delta h$

Updated NN0

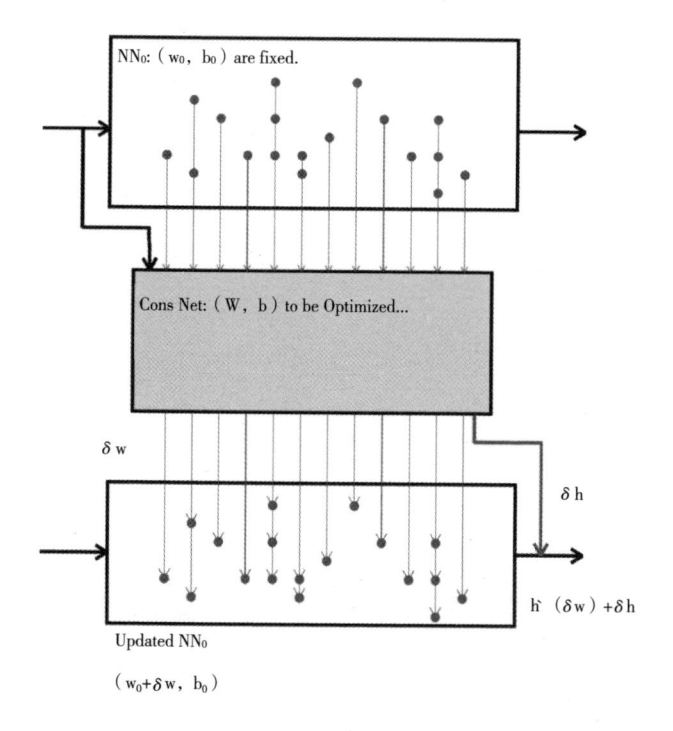

$(w_0+\delta w, b_0)$

图 6-6 意识参与的神经网络总体构架一

接的状态，且意识主体有某种方法对这些联接的权重做出微调 δw，为简单起见，假设此微调由原始网络的状态决定即 $\delta w = \delta w(x)$。由于我们并不清楚此函数形式，因此，我们中间插入一个**网络 Cons Net**来训练拟合此函数。此函数得到的微调再作用于原始网络的权重，更新后的原始网络在图中称为 **Updated NN₀**。

当然我们可在网络中引入**本能网络模块**，如图6-7所示，网络的前中后三个局部引入了三个本能，

· 175 ·

比如第一个本能虽然只能控制或协调网络的前面局部，但它引起权重修正函数由自己以及其他网络（或个体）共同决定，即 $\delta_I w = \delta_I w (x_{net1}, x_{net2}\ldots)$。在计算机模拟中，这可能对应于其他样本，跟批规整化中的情形类似。

我们可将图6-7的网络模型进一步拓展成连续时间型的网络结构。

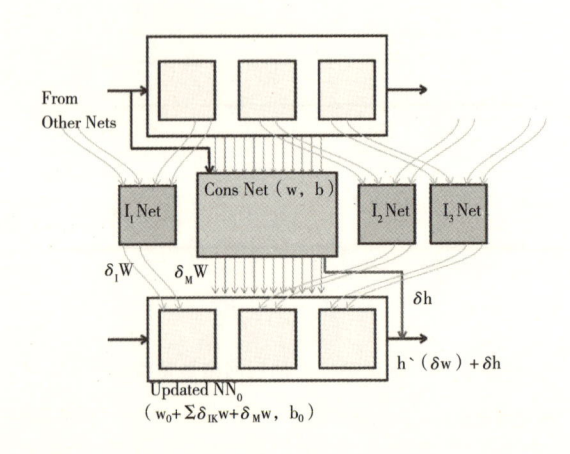

图6-7　意识参与的神经网络总体构架二，本能的引入

而网络的优化流程见示意图6-9，采用反向传播即可，在Tensorflow机器学习平台中，并不需要自己具体编写算法。

6.4.3　意识参与的神经网络的计算结果

我们在Tensorflow平台上做了四个计算，分别为全联接手写识别网络（Full - Connect MNIST NET），

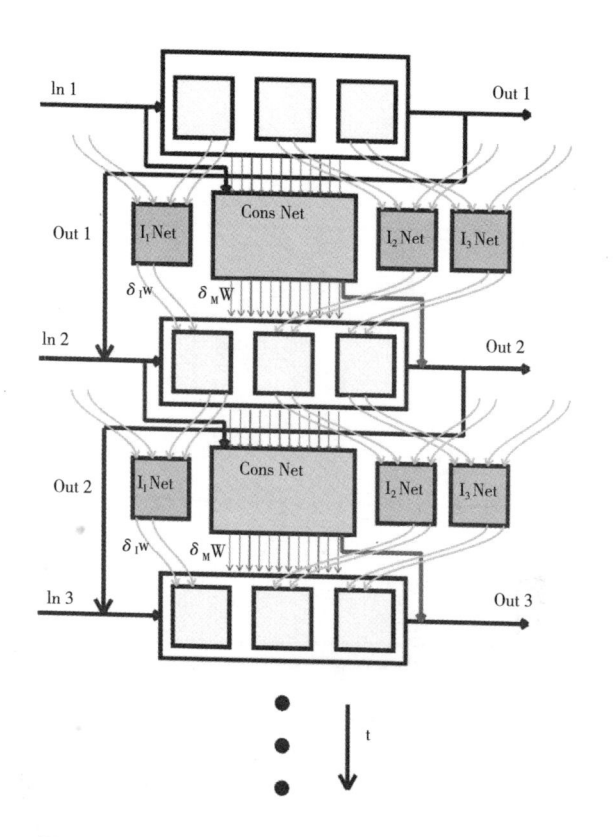

图 6-8 意识参与的神经网络总体构架三，连续时间模型或 Cons RNN

意识参与的全联接手写识别网络（Cons Full-Connect MNIST NET），卷积手写识别网络（Conv MNIST NET）和意识参与的卷积手写识别网络（Cons Conv MNIST NET）。

如何安装运行 Tensorflow 可参考其官网 www.tensorflow.org。

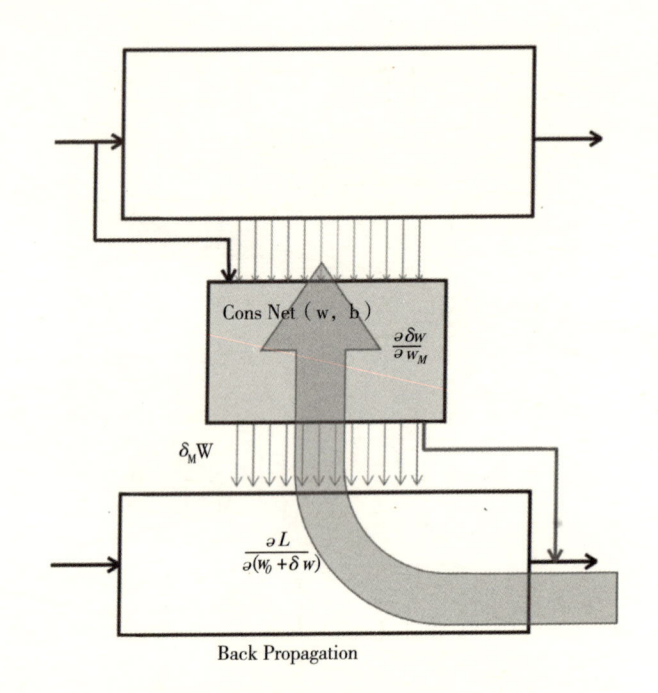

图中标注:
- Cons Net(w, b)
- $\frac{\partial \delta w}{\partial w_M}$
- $\delta_M W$
- $\frac{\partial L}{\partial (w_0 + \delta w)}$
- Back Propagation

图 6-9　意识参与的神经网络反向传播

全联接手写识别网络及其改进

Tensorflow 主要以 python 和 C 语言为基础,实际使用中大多采用 python 语言。Tensorflow 官网给出了一个无隐藏层的全联接的 MNIST 识别的程序,下面的程序以该程序为基础,并将其变成两层隐藏层的全联接神经网络,每层神经节点数分别为 [784,100,50,10]。

通常程序分成三大块,第一块为平台及库的声明和一些函数的定义,比如下面这段程序用于导入

tenforflow 及 python 的数学库 numpy，同时定义了两个函数。

```python
import tensorflow as tf
import numpy as np

def weight_variable(shape,name1):
  initial = tf.truncated_normal(shape, stddev=0.1)
  return tf.Variable(initial,name=name1)
def bias_variable(shape,name1):
  initial = tf.constant(0.1, shape=shape)
  return tf.Variable(initial,name=name1)
sess = tf.InteractiveSession()
# import MNIST
```

程序第二块用于定义整个训练网络 NN_FC。下面这段程序首先导入了手写数字识别的训练测试集 mnist，然后获得输入变量 x。注意，这里一旦使用 tf.Placeholder，就表明它是整个网络的外部输入变量，训练集的标签结果 y_ 也是外部输入变量。紧接着是三层网络的定义，其中 W0i 为权重，b0i 为偏置，同样要注意到一旦使用 tf.Variable 定义，那么这些变量在程序运行时会自动被 tensorflow 使用某种算法进行优化。在我们的改进的网络中，由于 NN0 网络中的权重与偏置不希望在训练过程被优化，因此细心读者会发现此时权重和偏置都采用 tf.Constant 定义。每层网络中输出的激活函数采用最简单的 reLU 函数，但在最后输出层采用了 Softmax 函数。注意：下面这段程序只是对网络的定义，并不真正进行计算，只要记住整个网络接口在几个 placeholder 及下一块定义的 Loss 函数里，然后训练时，程序会用指定的优化算法来优化 tf.Variable 定义的网络参数，使得网络能以较高准确率识别手写数字。

```
13  from tensorflow.examples.tutorials.mnist import input_data
14  mnist = input_data.read_data_sets('MNIST_data',one_hot=True)
15  x = tf.placeholder(tf.float32, [None, 784])
16  # First Layer
17  W01 = weight_variable([784, 100],'W01')
18  b01 = bias_variable([100],'b01')
19  x01 = tf.nn.relu(tf.matmul(x, W01) + b01)
20  # Second Layer
21  W02 = weight_variable([100,50],'W02')
22  b02 = bias_variable([50],'b02')
23  x02 = tf.nn.relu(tf.matmul(x01, W02) + b02)
24  # Output Layer
25  W03 = weight_variable([50, 10],'W03')
26  b03 = bias_variable([10],'b03')
27  y = tf.nn.softmax(tf.matmul(x02, W03) + b03)
28  y_ = tf.placeholder(tf.float32, [None, 10])
```

下面 cross_entropy 交叉熵就是整个网络的 Loss 函数，而在 train_step 中定义了优化方法、学习速率以及将要被优化的量，即 cross_entropy。最终 tensorflow 会以 cross_entropy 为线索，往回找到所有应该被优化的网络参数，自动将优化的具体步骤补充完整，因此用户基本不用关心训练这一块的内容。

```
29  saver=tf.train.Saver()
30  cross_entropy = tf.reduce_mean(-tf.reduce_sum(y_ * tf.log(y),
                                  reduction_indices=[1]))
32  train_step = tf.train.GradientDescentOptimizer(0.5).minimize(cross_entropy)
33  correct_prediction = tf.equal(tf.argmax(y,1), tf.argmax(y_,1))
34  accuracy = tf.reduce_mean(tf.cast(correct_prediction, tf.float32))
35  #tf.global_variables_initializer().run()
36  sess.run(tf.global_variables_initializer())
37  for i in range(4001):
38    batch_xs, batch_ys = mnist.train.next_batch(100)
39    sess.run(train_step, feed_dict={x: batch_xs, y_: batch_ys})
```

上述的全联接网络的准确率约为 97.72%。

下面给出**意识参与的全联接网络**的程序。

首先,将之前的网络重新搭建(16 行至 22 行),然后用 tf.Train.Saver() 方法将准确率为 97.72% 的网络(网络参数)输入进来,使其成为**原始网络**的权重(w10,w20,w30)与偏置(b10,b20,b30),并在训练过程中保持其不变,注意到我们使用 tf.Constant 而不是 tf.Variable 来定义,就是为了使其在训练过程中不再被优化。

```python
x = tf.placeholder(tf.float32, [None, 784])
W01 = weight_variable([784, 100],'W01')
b01 = bias_variable([100],'b01')
x01 = tf.nn.relu(tf.matmul(x, W01) + b01)
W02 = weight_variable([100,50],'W02')
b02 = bias_variable([50],'b02')
x02 = tf.nn.relu(tf.matmul(x01, W02) + b02)
W03 = weight_variable([50, 10],'W03')
b03 = bias_variable([10],'b03')
y = tf.nn.softmax(tf.matmul(x02, W03) + b03)
y_ = tf.placeholder(tf.float32, [None, 10])
saver = tf.train.Saver()
saver.restore(sess, "data/model.ckpt")
W10 = tf.constant(W01.eval())
b10 = tf.constant(b01.eval())
W20 = tf.constant(W02.eval())
b20 = tf.constant(b02.eval())
W30 = tf.constant(W03.eval())
b30 = tf.constant(b03.eval())
```

在此意识参与网络中,**意识网络(Cons NET)**的输入来源囊括原始网络的输入层、两个隐藏层节点 x01 和 x02 以及最后输出的 y0(见下面程序 43 – 45 行)。按道理,输入来源一方面应该来自网络的权重，另一方面并不是每个节点或权重都被激活，但为简化计算，假设输入的只是 x 而非 w。

意识网络 ConsNET 其实结构比较简单，为只有两个隐藏层的全联接网络，但由于输出及输入数据结构有点复杂，因此为其带来了一定的复杂性。首先输入层中有四个权重矩阵 WX1_con，W11_con，W12_con 和 W13_con，分别对应四个不同输入来源。然后，第52～54行可看到第一层隐藏层节点状态 x1_con 累加了四个输入的贡献。然后在输出层分成三个输出，分别用于改变更新网络中两层隐藏层及输出层的 x 值。

总体而言，此意识网络结构大致为 [Lin = (784, 100, 50, 10), L1 = 100, L2 = 100, Lout = (100, 50, 10)]。注意下面代码中 i = 100, j = 100。

```
## Original Net Work
x01 = tf.nn.relu(tf.matmul(x, W10) + b10)
x02 = tf.nn.relu(tf.matmul(x01, W20) + b20)
y0 = tf.nn.softmax(tf.matmul(x02, W30) + b30)
WX1_con = weight_variable_CON([784, i])
W11_con = weight_variable_CON([100, i])
W12_con = weight_variable_CON([50, i ])
W13_con = weight_variable_CON([10, i])
b1_con = bias_variable_CON([i])
x1_con = tf.nn.relu(tf.matmul(x, WX1_con)*0.5 +tf.matmul(x01, W11_con)
        +tf.matmul(x02, W12_con)+tf.matmul(y0,W13_con)*0.0
        +b1_con)
W2_con = weight_variable_CON([i,j])
b2_con = bias_variable_CON([j])
x2_con = tf.nn.relu(tf.matmul(x1_con, W2_con)+b2_con)
W31_con = weight_variable_CON([j,100])
W32_con = weight_variable_CON([j,50])
W33_con = weight_variable_CON([j,10])
b31_con = bias_variable_CON([100])
b32_con = bias_variable_CON([50])
b33_con = bias_variable_CON([10])
y_con1 = tf.nn.tanh(tf.matmul(x1_con,W31_con)+b31_con)
y_con2 = tf.nn.tanh(tf.matmul(x1_con,W32_con)+b32_con)
y_con3 = tf.nn.tanh(tf.matmul(x1_con,W33_con)+b33_con)
```

然后，意识产生的修正被加到相应的更新网络里（见69，70，72行，注意由于计算量的限制，目前仍没直接修正权重）。最后，才得到整个意识参与网络的输出。

```
69  x1_NEW = tf.add(x01,y_con1*0.1)
70  x2_NEW = tf.add(tf.nn.relu(tf.matmul(x1_NEW, W20) +
71              b20),y_con2*0.1)
72  y_NEW = tf.nn.softmax(tf.matmul(x2_NEW, W30) +b30+y_con3*0.2)
73  cross_entropy = tf.reduce_mean(-tf.reduce_sum(y_ * tf.log(y_NEW),
74              reduction_indices=[1]))
75  #train_step = tf.train.GradientDescentOptimizer(0.01).minimize(cross_en
76  train_step = tf.train.AdamOptimizer(5e-4).minimize(cross_entropy)
77  #train_step = tf.train.AdagradOptimizer(1e-3).minimize(cross_entropy)
78  correct_prediction = tf.equal(tf.argmax(y_NEW,1), tf.argmax(y_,1))
79  accuracy = tf.reduce_mean(tf.cast(correct_prediction, tf.float32))
80  tf.global_variables_initializer().run()
```

计算发现，意识参与之后，准确率由之前的97.72%提升至98.31%。或许对网络结构和一些超参数进调整试验，还可进一步提升准确率。

卷积手写识别网络及其改进

在**卷积网络**中，一般前几层为卷积网络，用于提取图片特征，后面几层为全联接层，用于将提取出的特征分类归纳。

如下面代码所示，此卷积网络结构为［28X28，32X28X28，32X14X14，32X64X14X14，32X64X7X7，1024，10］，分别为卷积层、Maxpool层、卷积层、Maxpool层，全联接层，全联接层。其中卷积将5X5的区域进行卷积计算，仔细读下面代码便可将这些数字一一对应起来。

下面这个卷积网络的准确率大约为99.2%。

```
27  # 1st Conv Net
28  W_conv1 = weight_variable([5, 5, 1, 32])
29  b_conv1 = bias_variable([32])
30  x_image = tf.reshape(x, [-1,28,28,1])
31  h_conv1 = tf.nn.relu(conv2d(x_image, W_conv1) + b_conv1)
32  h_pool1 = max_pool_2x2(h_conv1)
33  # 2nd Conv Net
34  W_conv2 = weight_variable([5, 5, 32, 64])
35  b_conv2 = bias_variable([64])
36  h_conv2 = tf.nn.relu(conv2d(h_pool1, W_conv2) + b_conv2)
37  h_pool2 = max_pool_2x2(h_conv2)
38  ## Full connected layer
39  W_fc1 = weight_variable([7 * 7 * 64, 1024])
40  b_fc1 = bias_variable([1024])
41  h_pool2_flat = tf.reshape(h_pool2, [-1, 7*7*64])
42  h_fc1 = tf.nn.relu(tf.matmul(h_pool2_flat, W_fc1) + b_fc1)
43  ## dropout
44  keep_prob = tf.placeholder(tf.float32)
45  h_fc1_drop = tf.nn.dropout(h_fc1, keep_prob)
46  W_fc2 = weight_variable([1024, 10])
47  b_fc2 = bias_variable([10])
48  y_conv = tf.matmul(h_fc1_drop, W_fc2) + b_fc2
```

意识参与的卷积网络与意识参与的全联接网络类似。下面只给出意识网络部分的代码。事实上，意识参与的卷积网络可提升的空间还是比较大，目前只能将准确率由原来的 99.2% 提升到 99.4%。现今，手写识别最高的准确率是 99.79% 左右，但他们都用到了数据增强，笔者虽然尝试过数据增强，发现其计算量实在太大，遂计划以后再加入数据增强。

6.5 再论自由意志

本章为 6.2.4 小节的一个补充。

可以想象，下一时刻会有无穷多种可能性，我们把这可能性总数记为 F_t，F 表示自由度，t 表示

```
N_Mid_Layer = 500
Wx1_con = weight_variable_CON([784,N_Mid_Layer])
Wconv11_con = weight_variable_CON([14*14*32,N_Mid_Layer])
Wconv21_con = weight_variable_CON([7*7*64,N_Mid_Layer])
WFC11_con = weight_variable_CON([1024,N_Mid_Layer])
b1_con = bias_variable_CON([N_Mid_Layer])
x1_con = tf.nn.relu(tf.matmul(x,Wx1_con)+
                    tf.matmul(h_pool10_flat,Wconv11_con)*1+
                    tf.matmul(h_pool20_flat,Wconv21_con)*1+
                    tf.matmul(h_fc10,WFC11_con)*1+b1_con)
# CAL DW_conv1
x1_con_reshape = tf.reshape(x1_con,[-1,N_Mid_Layer,1,1])
W1_conv1_con = weight_variable_CON([1,N_Mid_Layer,32,32])
b1_conv1_con = bias_variable_CON([1,32,32])
DW_conv1 = tf.nn.relu(tf.reduce_sum(x1_con_reshape*W1_conv1_con,[1])+b1_conv1_con)
# CAL DX1024
W1_FC1_con = weight_variable_CON([N_Mid_Layer,1024])
b1_FC1_con = bias_variable_CON([1024])
Dx_FC1_NEW = tf.nn.relu(tf.matmul(x1_con,W1_FC1_con)+b1_FC1_con)
# CAL Dy10
W1_h_con = weight_variable_CON([N_Mid_Layer,10])
b1_h_con = bias_variable_CON([10])
Dy_NEW = tf.nn.relu(tf.matmul(x1_con,W1_h_con)+b1_h_con)
```

total。

但只有部分可能性才能保证你的意识继续形成有意义的体验流，或保证你的意识"活着"，假设这些可能性总数为 F_{live}。显然 $F_t > F_{live}$。

事实上，你的意识只能在 F_{live} 个可能性中挑出其中一个可能性，不然你的意识已经死了，但你不可能体验到死去的意识。

然而，当你想挑出 F_{live} 个可能性中的其中一个时，你意识的"眼神"并没那么好，不可能说要精确地挑哪一个就能挑哪一个，它只能把 F_{live} 个可能性分成若干类，比如 N 类，平均每类有 m 个可能性。显然 $F_{live} = N \times m$。往往 m 远远大于 N。

此时，你的自由意志真正的自由度其实就只有 N 这么大。通常，你的自由意志无法选择 m，m 本质上代表的是客观世界的总自由度。你之所以无法完全控制所有的事，就是因为这个 m，它在物理学中通常称为所谓的客观规律。但非常神奇的是，归根结底它仍然是你的意识挑选的，只是你的体验无法知晓而已。

如果你能做到自主地挑选 m 的哪一个的话，其实你本质已经具有了所谓的超能力或特异功能。虽然这个解释会让神秘主义者兴奋不已，但笔者目前基本不相信谁有任何可靠的方法能精确地挑选 m。

我们探讨一下所谓自由意志的实验验证的问题：

大约 20 世纪五六十年代，有实验通过仔细分析人做出动作时的准备动作电位曲线，得出人无自由意志的结论，后来陆续有几个实验似乎也证明了这点。但 2012 年左右，法国学者 Schurger 在 PNAS 发文[1]，证明这些实验的分析有问题。因此，结论是：自由意志并没有被实验否定，但也没有被证实。

笔者认为人有自由意志，但也同时认为实验可能无法证实人有自由意志。这个观点很残酷。

6.6 意识科学和人工智能的未来[2]

2016 年 3 月，人工智能 AlphaGo 战胜人类顶尖

---

[1] Schurger A., Sitt J. D., Dehaene S., Proc. Natl. Acad. Sci. U. S. A. 109, E2904 (2012).
[2] 本小节摘自笔者发表《中国图书评论》杂志的文章《人工智能的未来》。

围棋棋手李世石；2017年10月，AlphaGo Zero更是通过三天自学就打败了人类。以上种种，引起了社会极其广泛的讨论。有人认为人工智能超过人类智能指日可待，并担心他们在不久的将来会毁灭人类，甚至坚信他们将很快具有意识和情感。有人则不太看好人工智能的未来，认为人工智能相比于人类智能依然幼稚，甚至不相信未来几年它们能够被广泛应用于日常生活中。

笔者认为上述两种看法皆有道理，下面笔者将基于意识科学及深度学习的相关理论，对人工智能的未来做一些展望，并重点围绕下述的问题展开讨论：什么时候人工智能可以有创造力？什么时候人工智能可以全面超越人类？机器人能否最终具有意识和情感？意识机器人对人类将有哪些影响？

要回答上述问题并正确预测人工智能的未来，有必要先了解与算法数学及意识科学相关的四个小知识。

结构化与不可结构化：著名的哲学家罗素认为，物理学只能研究事物之间的关系，而这些关系都是可结构化的；而另一方面，当代哲学家Chalmers认为人类的意识体验并不能最终还原成事物间的关系，因此关系存在不可结构化的部分。人类目前所使用的机器包括电子计算机，本质上都是利用其中的这些关系或可结构化的部分来完成一系列的功能，并没有涉及不可结构化的部分。意识科学认为使机器拥有意识体验的前提条件是需要给机器配置可直接产生体验的硬件，而产生体验需要直接利用硬件不可结构化的内在属性，根据一元论，任何物质都具有内在属性，而如何巧妙地操纵物质的内在属性是制造意识机器人的关键。

算法与非算法：将机器人看成具有若干个输入输出、中间是个黑箱子的机器，那么为了实现某种功能，如果中间黑箱子中所需的传统逻辑计算的步骤数目有限，就认为此过程是算法的，或认为此类功能是算法的。若所需步数为无穷或需要非传统的逻辑计算，那么此过程就为非算法。现在有部分学者比如彭罗斯认为量子计算机或量子纠缠可以实现非算法。但要注意，非算法仍然是可结构化的。因此，即使实现了非算法也不能令机器人具有意识和情感，它只能让人工智能具备更高级的智能。

符号主义与联结主义：我们目前正处于算法化的人工智能阶段，此阶段存在所谓的符号主义和联结主义。符号主义说得形象点就是程序员通过逻辑运算手把手教人工智能应付所有的事情；联结主义则是通过仿生神经网络，训练网络习得某种能力，程序员并不完全清楚自己设计的程序面对某些情境具体将会做出何种反应。之前虽然大家对联结主义期望很高，但其实现实中符号主义占主导。最近十年来，特别是深度学习（多层神经网络）逐渐取得成功后，人们才开始真正看好联结主义，可以说未来十年联结主义都将稳稳占据主导地位。联结主义的优势相当明显，它提供了一种普适的模式，比如要让网络具有某种能力，只需要准备足够多足够好的训练素材库，通过优化算法训练几乎同样的网络，便能使其获得各种不同的能力，毋需对不同的问题设计不同算法。

深度学习的基本原理：二十世纪八九十年代，研究神经网络算法的学者提出了一个神经网络普适近似原理，该原理断定一个适当大小的多层神经网络，即便每层的激发模式很简单，也可无限近似任意非线性函数或映射。这就表明，多层神经网络理论上可实现大部分可算法化的刺激响应功能。此定理是目前所有深度学习技术的理论基石，事实上也是算法化人工智能的基石。

上述四个小知识，总结起来就是：目前的人工智能所实现的功能，比如学习，图像识别都是算法的，可通过深度学习的普适近似原理来实现；而高级一点功能比如创造、自主则可能需要非算法，这有待于量子计算机的出现。无论是算法还是非算法本质上都是可结构化的，本质上都是一种关系，而要使机器人具有情感及意识则需要直接利用物质不可结构化的内在属性。

根据上述四个小知识，特别是结构化和不可结构化、算法和非算法间的关系，笔者推测未来人工智能的发展将经历以下三个阶段：推广普及时期、爆炸式增长时期和意识智能时期。

推广普及时期：从现在开始到未来十五年左右为推广普及时期。得益于过去十年间深度学习的快速发展，人工智能诸如人脸识别、机器翻译、自动驾驶、虚拟现实、增强现实等已经到了商业化的临界点，未来十几年人工智能商业化的程度将不断加大，这里面的市场几乎是无限的。同时市场化、商业化也将倒过来推动人工智能的全面发展。届时，人工智能不断地拓宽其应用范围，渗透到人们日常生活的方方面面，并将会像目前移动网络一样重塑人们的日常生活习惯。

比如，2030年某天，小明接到邮件，上司希望他到北京参加一个会议，后他又接到家里父母打来的电话，提醒说晚上有亲戚要来做客，需要做饭做菜。然后，他将邮件转给电脑助理程序，该程序自动阅读邮件，自动搜索网上机票，自动根据开会地址预订酒店，然后将三四个方案做成报告呈现给小明，小明只需最后确定选用哪个出行方案便可，而这个过程只花了短短的几秒钟时间。由于家里的家电都已经和手机连接，并且家里还有一个人工智能管家系统，因此，小明只需通过语音告诉手机晚上大概几点之前将什么菜多少饭做好，家里的智能厨房将自动处理剩下的所有事情。

在这十多年的初期，智能将向每个设备渗透，即所有的家电、设备都逐渐具有一定的智能，它们与移动设备连接，一起实现更复杂的功能。虽然此时深度学习相关的人工智能会继续发展，但不会有太大的突破。这个阶段的后期，会逐渐出现大综合，一个机器人能同时应付各种事情。最可能出现的是管家机器人，它可承担办公室和家里的所有杂务。因此，大约在2030年左右，通用型机器人才会真正进入千家万户。

爆炸式增长时期：爆炸式增长时期可能出现在2030年至2040年之间。注意，推广普及时期与爆炸式增长时期都属于算法智能时期，即人工智能其实在硬件上并没有革命性的变动，仍依赖于传统的芯片技术。爆炸式增长时期最重要的特点是在推广普及后期完成大综合之后，人工智能领域大量借鉴了意识科学、大脑科学和进化论中的研究成果，即便受算法智能的限制，仍然创造了足够大的可能性，在此阶段人工智能掌握了自我改造更新的能力，使其呈现了爆炸式的增长，也令算法人工智能在极短的时间内达到了极致。

这一时期可能最显著的成就就是人类编出了可以自己编写程序的程序，并且大规模地借鉴进化论，用网络来构造人工智能生存的环境以进化智能，使其达到最优。因此，人工智能将会出现不受控制的野蛮式的进步。

特别的是，在智力领域或许会出现这样的人工智能，它能代替人类进行科学研究。可以想象，某个科学家首先造出这样的人工智能，然后让它自己进行文献搜索，自己通过排列组合选择方向课题，自己做实验收集结果，并自己投稿等，最后你会发现一个科学家可以在比如一个月之内发表上千上万篇文章，从法理上这些文章的确是这位科学家做的,但他又可能对这些文章的内容一无所知。

另外,人工智能在这个时期会彻底改变人类的科学研究方式。我们试想,若到时给人工智能输入所有量子力学诞生之初的实验现象及之前的物理知识,然后通过优化看看它能否找到一个自洽的物理理论。它或许会神奇地根据这些信息自己写出薛定谔方程,又或许它会给出与现在的量子力学等价的另一套自洽的物理理论。届时人工智能将自己发现物理理论,那么到时物理学家要做的可能只是当人工智能进入死胡同时,稍微点拨一下或提提大的方针,如此,人工智能便能将所有具体的工作一一完成。

在这一时期,人工智能在许多方面将全面超越人类,甚至在创造力方面。

意识智能时期:有人可能会认为,在进入意识智能时期之前会有一个非算法时期。但笔者认为不会有这个阶段,同时也认为当今的量子计算机不会成功,至少不能真正应用起来。人工智能会从算法智能时期直接进入意识智能时期。注意,意识智能时期其实也是非算法时期,因为根据笔者最近的理论,只要有意识的参与,智能必然自动成为非算法的。

为什么人工智能会直接从算法智能时期直接跳入意识智能时期呢?这主要是意识产生的原理决定的。笔者最近发现,一个机器如要具有意识,需要在其内部准备若干个量子纠缠系统,每个量子纠缠系统都几乎孤立且基本全同，然后由一个自由度巨大的基本粒子不停地与它们交换来稳定这些纠缠系统，这个机器通过这个基本粒子的内在属性来产生意识体验。在之前的量子计算机中，一般只有一个几乎孤立的纠缠系统，目前看来这样的系统极难维持稳定，其需要在极低的温度下才有可能一直保持在纠缠态，而且参与纠缠的粒子数目也不多，因此非算法智能极难实现。现在，意识理论发现，还不如直接多做几个拷贝，然后用一个自由度巨大的基本粒子（又称意识粒子）稳定它们，此外它自己还可产生意识本身，这样非算法和不可结构化的问题便可同时解决。

简而言之，就是其实制造有意识的非算法智能比制造无意识的非算法智能（基于目前的量子计算机）要简单！目前的量子计算机大量粒子纠缠态稳定的条件极为苛刻，而意识机器人里的若干全同纠缠系统的稳定条件相对温和，甚至可在室温条件下实现，人脑就是一个例证。

2050年左右会真正进入意识智能阶段，但这个阶段将细分为低级意识智能阶段和正常意识智能阶段。在低级意识智能阶段，虽然构造人工智能的原理基本和大脑产生意识的原理一样，但在此阶段人们主要想通过意识粒子来稳定量子纠缠系统以使人工智能实现非算法化，而不是为了机器获得有意义的体验。因此可以说此阶段机器人虽然有一些极其碎片化的意识体验，但并不能说它们真的有情感。当然，得益于非算法，到了低级意识智能阶段，人工智能将全面超越人类智能，包括创造力方面。

笔者认为，人工智能若能一直停留在低级意识智能阶段，对人类而言是最佳的选择。因为此时的既可以享受人工智能高度发达（非算法化）带来的好处，又不用处理人工智能的情感伦理问题。

但不幸的是，这个阶段必然不会持续很长时间，至多二十年。最迟到 2070 年，人类将会进入正常意识智能阶段，此时的人工智能将逐渐具有与我们相差无几的意识，届时这些机器人说痛的时候，不再是简单的说说而已，而是可能它真的就体验到了真实的疼痛感。或许，更恰当一点，我们应该把它们当成我们自己的同类了！这样，随之而来的伦理道德问题极其棘手。笔者不敢想象这个阶段，只是希望这个阶段永远不要到来，因为到时我们真的在扮演上帝的角色了。一旦创造了这些机器人，它们的智能必然远在我们人类之上，万一失控，后果不敢想象。当然，在这之前，人类必然会通过与人工智能的无缝联结使自身智能也得到极大的提升，但无论如何，这里的风险不可小视。其他可能后果，本文不再展开，各位读者可自行想象。

许多人可能会认为这一天不会那么快到来：2070年可能我都还活着，不可能吧？但要注意，有时技术的发展，特别是人工智能的发展，会有个自加速或自催化过程，即强大的人工智能将会自己产生更为强大的人工智能，一旦到达这种自加速的临界点，那么后面的发展就会不断被加速，直至超乎人们的想象。

虽然现在的人工智能还处于其幼年期，但或许现在我们就应该思考如何应对半个世纪以后可能出现的意识机器人了，至少在思想界就应该开始展开类似的讨论。最后真诚地希望这是杞人忧天，或许到时会出现我们意想不到的制衡物呢。

第七章
可证伪的理论预测

7.1 可证伪性与两种不同风格的理论

什么是可证伪？举三个例子：（1）小华说："我的理论预测明天月亮会爆炸。"这是个科学的预测（当然它还不是科学的理论），因为这个预测在明天就有可能被否定掉。当然若明天月亮没爆炸，那么它就变成错误的预测，但它在今天到明天之间是个"科学的预测"。（2）但如果小华说："我的理论预测月亮永远都不会爆炸。"那么这个预测就可能不是一个科学的预测，因为将存在不被否定的可能性，即便它是真的。但科学不关心是否为真或真理。（3）小明说："存在一个上帝。"这个论断可能是真的，但它并不存在被否定掉的可能性，所以它不是科学的论断。注意不是科学的论断并不代表它一定是错的，比如，假设类似《西部世界》[①] 更高级的世界里，有机器人 A 提出存在他们的创造者，但由于《西部世界》的

[①] 《西部世界》是美国 HBO 2016 年出品的电视剧。

第七章 可证伪的理论预测

设定,他们根本没有可能设计实验证实或证伪 A 的论断,于是机器人中的哲学家只好根据"可证伪"原则认为 A 的论断为伪科学。但伪科学的论断不一定就是错的论断。所以,科学并不等同于追求真理,伪科学也不一定是错的。但笔者坚决反对伪科学。

再谈谈科学的理论应该具有什么特点。一般而言,科学理论应是能够做出可证伪的理论预测,而且得在可忍受的将来能被证明或证伪。其次科学理论还必须有一定的严密性、符合一定的规范。根据这两点,下面讨论两个不同风格的理论。

有一种理论数学严密性非常好,看起来非常漂亮,但它做出的理论预测,被验证的难度非常大。比如弦论,很漂亮,但它做出的许多预测或许人类一百年后也没有技术能力去验证它的真伪,笔者个人将弦论归为半个伪科学。

另一种理论数学严密性还不是非常好,但它做出的预测可能在未来几年或几十年内就能被证明或推翻。笔者个人认为这样的理论反而更科学。

当然,最好的理论是数学严密性非常好,又能够在可预期的未来具有可伪性,但这样的理论历史上很少,似乎只有广义相对论具有此优点。

像量子力学这样的理论,特别是玻尔的理论,在提出之初,其实更像第二种理论,给人感觉像是凑出来的理论。而且,还有点马后炮,并不是先有理论预测双缝实验的结果,然后再做实验的。不过幸好,量子力学理论起码能够解释氢原子光谱和后面的许多实验结果。特别是后来它也可给出新的、可证伪的理论预测，且这些都被一一证实了。

笔者经常在思考这样一种情形：如果在量子力学出现之前，比如1900年，若有人根据物质可无限可分会导致悖论，进而推导出量子力学，然后再根据量子力学推断存在双缝实验现象，不知道当时物理学家们会不会认为那人在做伪科学。即使很明显那人的理论是可证伪的，但实验物理学家就是不肯用心去做做实验验证一下，因为他们凭"直觉"就认为那是错的。

本书理论处境或与之相仿。虽然它亦是可证伪的，且笔者提出了几个十年内就可被证实或证伪的预测（见下一节），但许多科学家似乎更相信他们的"直觉"。或他们认为应该实验先行，然后再提理论，但这样不就是"马后炮"了吗？真正厉害的理论应当是先预测一件非常神奇的现象，然后做实验发现果然如此，就像广义相对论一样，它预测光线经过恒星时会转弯，然后实验观测发现果然如此，这才是科学理论的最高境界。

7.2 若干可证伪的预测与相关的实验方案

下面给出本书理论的几个可证伪的理论预测。

第七章 可证伪的理论预测

预测1：大脑在意识死亡过程中，大脑旁边能检测到少量的质子与电子的产生

原理见5.5节。制作一个密封且能屏蔽静电的质子或电子检测仪器（最好真空），精度可检测到每立方米每秒产生的10^6个以上带电粒子，且保证真正实验前仪器基本探测不到明显信号。然后，将此仪器放于一个即将死去的大脑旁边，考察能否观测到信号。如果本书理论正确，应该能够检测到一些信号。

预测2：大脑在意识死亡之后，重量会稍稍减少

原理：根据本书的意识理论，意识主体为一个类似暗物质的基本粒子，它被大脑中成千上万个量子纠缠系统通过暂时全同粒子法则局域化并稳定于大脑当中。当大脑完全死亡时，意识主体对应的粒子将无法被稳定，致使它无法与普通物质进行作用。因此，即便大脑被置于一个封闭体系中，该粒子仍将逃逸出大脑，导致大脑质量减轻。减轻的质量可能大约等同于一个红细胞的质量。但若考虑诸多"本能"或也需要类似暗物质的基本粒子承担，因此其有可能会比一个红细胞重一点。

实验方案：由于测微小质量的变化难度巨大，因此需事先专门研造多个高精密天平。而且这类天平必须得放在几乎真空的环境下运转。估计每个的造价都可能高达上亿元人民币。然后将一只猴子的头放入密封的盒子（盒子里有空气），再将盒子放入真空环境下的天平上测量，开始时猴子大脑有意识。同时，将另一个完全死透的猴头放入另一天平，分别测量质量

随时间的变化曲线。当然，如果运气好，意识主体有电荷（但在第四章笔者已经论证意识主体应为电中性），那么，此类实验检测将容易许多。

预测3：与大脑意识暂时全同的量子纠缠系统，即便远离大脑，亦能够与大脑进行即时信息交流

实验方案：将某一动物的部分视觉神经（几百个以上）移出其大脑，并保证大脑仍然活着。同时需确保体外神经元的活性，至少要确保移出的神经元某些树突分支和突触分支功能良好。注意，移出的视觉神经元最好靠近眼球，因为这部分神经产生视觉体验的可能性大。

然后，人工触发体外神经元的动作电位。观察此触发事件与大脑响应有无关联。观察这种关联与体外神经元和大脑空间距离的关系。

意识理论认为，触发事件与大脑响应有明确关联，且与距离无关。

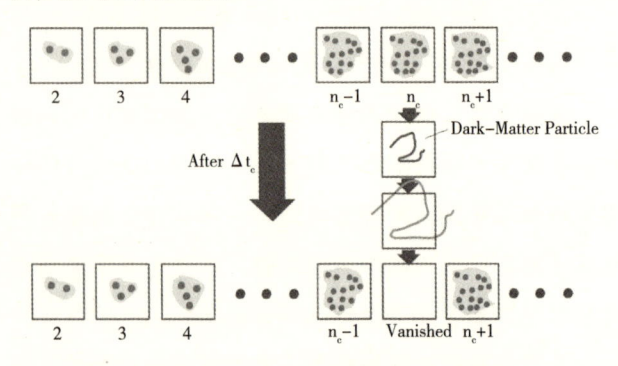

图 7-1 暂时全同粒子效应的验证实验构想

预测 4：暂时全同粒子的验证实验

实验方案：首先，准备若干多粒子系统，这些系统的粒子数分别为 2，3，4，5 … n，且每个粒子的内在自由度皆为 p，假设这些系统皆大致孤立，且 n 足够大，则 p^2，p^3，p^4 … p^n 中应该至少存在一个数，比如 p^{n_c}，非常接近某素数 P，这样此 n_c 个粒子的复合系统就容易将自由度为 P 的类似暗物质的基本粒子置换过来，但由于类似暗物质的基本粒子不与其他普通粒子发生作用，因此它将重新弥散于空间中。从表面上看，这 n_c 个粒子消失了。（见 5.2.3 及图 7-1）

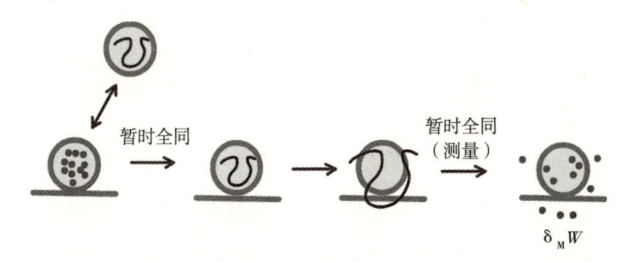

图 7-2　突触小泡里多粒子体系与意识主体的交换过程

预测 5：神经递质在大脑不同神经元间的超距传播

实验方案：意识主体与神经元内的纠缠系统利用暂时全同法则进行交换，见图 7-2。在此这过程中，进入突触小泡的一批神经递质分子与后来释放出来的神经递质分子通常并不是同一批。这说明神经递质在大脑不同神经元间可进行超距传播。

为检验此超距传播现象，需首先确保初始时刻某神经元肯定不存在某些特定神经递质，然后探测后来是否会出现此特定神经递质。

当然，为进一步确保实验的准确性，可参考预测3的方法，将待考察的神经元移出大脑，同时保持其活性，探究是否存在神经递质的超距传播现象。

预测6：不同种类神经递质在不同脑区的重新分配现象

总体描述：这个预测原理基本与预测5的原理一致。如果注意到神经递质的超距传播与活跃脑区较易发生这种传播的事实，就容易得到以下结论：脑区A的体验对应的主导神经递质为a，那么如果A在某时间段持续产生较丰富的意识体验的话，那么a就容易由A弥散到其他脑区，同时，其他脑区的神经递质也会被置换到脑区A。

实验方案1：准备3只老鼠，当它们早晨睡醒后，检测其视觉皮层、听觉皮层和其他皮层中神经元突触附近的某些分子的含量（采用质谱或核磁），然后将1号老鼠的眼睛遮住，减少它的视觉体验，将2号老鼠耳朵封住，3号老鼠正常。然后当他们准备睡觉时，再测一次含量。第二天，睡醒后再测一次。如果我的理论正确的话，可以通过这个实验确定不同体验对应的神经递质分子的种类（比如视觉体验对应于a，听觉体验对应的分子种类比如为b）。

在此实验中将发现：早上时3只老鼠大脑各脑区分子浓度区别不大。晚上入睡前，由于1号老鼠视觉体验较少，因此它的视觉皮层中a分子浓度最高，即没被置换到其他脑区；2 号老鼠听觉体验少，它的听觉皮层中 b 分子浓度最高。到了第二天，三只老鼠各脑区各类分子的浓度水平又恢复到基本一样，这主要归功于睡眠，睡眠的一个功能就是将白天由于体验导致的各种神经递质的错乱分布恢复到正常。

实验方案 2：(接实验方案 1 最后一段。) 如果没有睡眠的话，各种神经递质在各脑区就会均匀分布，这将导致比较严重的精神问题。帮助大脑在睡眠期间实现神经递质由各脑分散重新回归到原来脑区的组织，可能与最近（2017 年）发现的巨型神经元有关，它几乎可跨越整个大脑皮层，主要功能可能并不是像有些神经学家推测的那样用于产生意识，而是用于将入睡前散布于各脑区的神经递质重新放回原处。它扮演的角色就好像是淘气的小孩的父母，当小孩淘气了一天，将房间里的玩具弄得到处都是的，巨型神经元会将它们物归原处。

基于此，我们可做一个实验来验证这个设想，将老鼠的巨型神经元破坏掉，再考察其各脑区各神经递质浓度的分布情况，看其是否难以再恢复到以前的浓度分布。另外，考察老鼠是否会出现精神问题，是否会出现失眠等现象。

附录一
意识科学基本定律

为方便学习和阅读,将在此对本书意识理论所涉及的基本定律进行归纳。

意识科学第0定律

意识体验由意识主体的内在属性产生,意识主体的内在属性的复杂程度完全决定了意识体验内容的潜在复杂程度。内在属性存在不可结构化的部分。

第0定律推论1:一些意识主体的内在属性过于简单,这会导致其体验不到时间流逝。

评论:量子态本身可包含不可结构的元素,而态与态的关系可结构化,因此量子力学可用于描述体验,这是量子力学可用于研究意识的根本原因。另外,第0定律结合量子力学可在一定程度上**解决"困难问题"**,即从理论上定义什么是体验。

意识科学第1定律

在与意识主体 M 相伴的世界 W 中，将不可能找到意识主体 M 对应的物理实体。但可以在其他与意识主体 M′ 相伴的世界 W′ 中找到 M 对应的物理实体。

意识科学第2定律

内在属性不可组合。

第 2 定律推论 1：意识主体对应的物理实体不可分或等效不可分。若基本粒子定义成某种不可分的物理客体，那意识主体将只能由某种基本粒子承担。

第 0 定律与第 2 定律联合推论：**意识主体是某种内在属性非常复杂的基本粒子。**

第 2 定律推论 2：意识不再是浮现现象。

第 2 定律推论 3：不存在直接判断一个物理系统有没有意识的一个客观标准。

评论：一个猜想，第 2 定律或许可以由第 3 定律推导出来。

意识科学第3定律

每个意识体验片段总是试图包含尽量多的信息。若一个意识主体只能形成一个意识体验片段，那么它就不可能体验到时间，等效于无意识。

解释1：这其实就是**最大信息获取原则**。意识主体总是试图将尽可能多的态包含进来以获取更多的信息（增加纠缠熵），但有时可能更多的态反而会使信息变少。因此存在一个极大值，当到达极大值时，这些态叠加就构成了一个体验片段，而剩下的态可形成下一个体验片段，以此类推，形成更多体验片段，从而形成体验流和时间。反之，若中途无极大值，只有将所有的态包括进来才能获得最多信息，则会导致灾难的发生，因为它只能形成一个体验片段，从而不可能形成时间。

解释2：最大信息获取原则其实真正拯救了泛心论，因为它先假设所有事物都有意识，然后再界定只有一部分事物才有时间的体验，真正具有意识。因此，第3定律非常重要。

解释3：原则上，在本书意识理论框架下，最大信息获取原则可推出所有的物理理论。在此逻辑体系中，最大信息获取原则是唯一需要遵守的法则，它能保证意识主体在"下一时刻"能产生有意义或有信息的体验，即保证意识主体"活着"。事实上，将来意识科学的大部分工作将围绕第 3 定律展开。

意识科学第4定律

在意识主体 M "相伴的客观世界 W" 中，意识主体 M 与环境发生作用的方式是暂时全同粒子法则，即意识主体 M 不断地与环境中的某些系统发生交换来产生作用。这些交换在短时间内不会引起任何可观测的物理现象。

解释 1：从原则上，第 4 定律可由第 3 定律得到，当然全同粒子法则和暂时全同粒子法则也可由第 3 定律得到。即事实上不需要第 4 定律。

解释 2：注意，我们不能讨论意识主体 M′如何与它相伴的客观世界 W′发生作用，因为根据第 1 定律，M′不在 W′中，它们不会发生作用！但 M′会根据第 3 定律来决定 W′如何展开。因此，才会有第 4 定律中的第一句限定语。

解释 3：虽然根据解释 1 可看出，此定律似乎不重要。但其实在未来的实际应用中，此定律将是最为重要的，它将直接被用于制造意识、转移意识及帮助人类获得永生。

解释 4：暂时全同法则目前仍只是个猜想，有待实验证实，若有朝一日证实了，将真正实现意识研究从哲学向科学的转变。

意识科学第5定律

若两个意识主体对应的物理实在全同，那么它们是同一意识。

推论：所有同类的基本粒子都是同一意识主体。人类意识由于具有独有性，因此可以肯定每个人的意识主体对应的基本粒子的种类都不一样。而低等动物的意识主体对应的物理实在则有可能雷同，导致它们共用意识。

评论：虽然此定律可放入第4定律中，但将其作为单独的定律主要是因为它的运用也非常广泛。

附录二
意识的定义

注：在讨论意识定义之前，必须了解一点，本书认为不可能存在一个可直接判定一个系统有无意识的客观标准（具体见第三章第三节的内容）。但同时认为要么存在直接判定的非客观标准（无可操作性）；要么存在间接判定的客观标准。下面主要讨论这后面两种情况。

什么是意识，这个问题有多种理解。可以说"我需要知道什么是意识体验"，根据一些哲学家的观点，**意识体验就是某种物质的内在属性或现象属性**。某系统的**物理属性**是这个系统的状态与外界的联系的集合［附注（1）-（2）］，一般可用量子力学中的密度函数表达，它是结构化的，而**内在属性**或现象属性是系统的状态本身，是不能结构化的。注意，上面的定义都可用数学式子精确地表示出来。具体见文献[1]。

当然，上面的定义用途不大，因为通常我们希望确切地知道什么样的系统能产生意识。

---

[1] NeuroQuantology 14，708（2016）.

泛心论认为，既然所有的物质都有内在属性，而内在属性就是意识体验，那么，所有物质皆有意识。

泛心论有点违反常识，似乎不太可能所有的物质都有意识。Tononi 的信息整体论认为，当系统的信息整体性 PHI 值超过某个阈值后，这个系统便有了意识。但许多人反对信息整体论，他们会举例说某些图片 PHI 值也可很高，但它无意识。

事实上他们面对的是意识研究中的组合问题。虽然所有的物质都有内在属性都有意识体验，但简单粒子形成的体验都是碎片化的，不能形成复杂的、具有一定结构的、有意义的意识体验，等效于无意识。那怎么才能将这些碎片化的意识组合成一个有意义的意识呢？这就是组合问题。

一个多世纪前詹姆斯认为意识不能组合。

基本上，下面两个定义分别根据上面的讨论给出了意识的普遍定义和可操作性定义。

意识的普遍性定义：假若把世界上所有事物包含在一个系统里，其可用一个量子态 D 描述，然后试图将其分裂成两个系统，分别为 M 和 W。若这个分裂使得 M 能够获得关于 W 的一系列有意义的信息流，那么就称 M 为一个意识主体，而在某时间段 M 与 W 的一个子系统 E 组成的量子叠加态本身就对应于此时的意识体验。注意，是态直接对应于体验，态存在不可结构化的部分。

怎样才形成有意义的信息流呢？这就需要所谓的

附录二 意识的定义

最大信息获得原则了，大意：任何意识体验片段都试图将尽可能多的态叠加进来以获取对外界尽可能多的信息，但可能存在一个极大值，即更多的态反而会使得信息量减少，因此这就导致只有部分态被包括进来以产生某个时刻的体验，剩下态产生下一时刻及再下一个时刻，从而形成时间。若相反，不存在极大值，则导致所有态都被包括进来了，灾难便发生了，因为这样意识主体将只有一个意识体验片段，那么将没有时间空间等，这就等效于没有意识体验了。

普通物体之所以不能体验这个世界就是因为这个原因。好了，如果你能通过反复参读上面两段话，彻底理解其深层含义，那么你就已经基本理解了意识的最深层次的含义。

结合前面给出的意识体验的物理数学定义和刚刚给出的意识的普遍定义，事实上笔者已经明确地、清晰地回答了什么是意识这个问题。根据这个回答，你可以非常容易地理解为什么普通物质不可能产生意识等这些问题。但这两个回答的操作性还不够，因此我们还需要给出更具可操作性的定义。

前面提到了组合问题，即如何将普通物质的内在属性组合起来形成真正的意识。笔者基本同意詹姆斯的观点，即内在属性不可组合，具体为什么不能组合，见第三章具体讨论。

这样的话，意识只能由一个不可分的基本粒子的内在属性产生，但为了其具有足够的复杂性，它必须

具有足够大的自由度。可猜测它为某类自由度巨大的暗物质粒子。但正如 Chalmers 所担心的，如何保持这种粒子的稳定是个大问题。幸好有暂时全同粒子法则。我们大脑通过进化使得其部分神经元能够产生多粒子量子纠缠系统（即这些神经元本质上每个都是一台量子计算机），这些神经元产生的量子纠缠系统一起通过暂时全同粒子法则来捕获和稳定某种自由度巨大的暗物质粒子，并通过暗物质粒子的内在属性来体验这个世界。

这个定义本质上解决了意识科学中的组合问题，也大致回答了大脑为什么能够产生意识这个问题。

附注：

（1）内在属性的通俗定义：什么是物质的内在属性？首先要承认物质的物理属性是物质与其他事物所有可能关系的总和。下面用日常语言定义内在属性：我们的意识体验明显不能表达为一种事物间的关系，因此它不能由物质的物理属性产生，此外若承认意识由某种物质产生，它必须由这种物质的某类属性产生，我们把可产生体验的物质的属性定义为内在属性。既然，这种物质拥有内在属性，据莱布尼茨的充分理由哲学原则，我们没有充分的理由证明此种物质与普通物质有什么本质区别，因此只能假定所有物质都有内在属性。但要注意我们看到苹果表皮的红色体验并不是苹果的内在属性，而是我们大脑里某个粒子的内在属性，这种内在属性对应于红色体验。

附录二 意识的定义

（2）通常认为物理学只能描述事物的外在属性即物理属性，这是可结构化的；而物理学不能够描述和研究事物的内在属性，因为它不能结构化。这句话对，也不对。因为在量子力学的构架中，本身就存在非结构化的量子态本身，量子态本质上可以当成是一个向量。一般而言向量可以用几个数字来表示，比如 a = (3, 1, 0)，这个三维向量表示指向某个方向的一个向量，但是这几个数字本质上表达的是这个向量与 x, y, z 三个坐标单位向量的关系，即这个向量在这三个方向投影的分量，并不真正代表这个向量本身。因此就孤立的向量而言，它是种存在，却不可描述。而量子态本身就有这种特性，因此，态本身可以用于映射到事物的内在属性来表示内在属性，它不可描述。波函数或密度矩阵或纠缠熵等表达的都是这个态与其他态之间的关系，是种物理属性。

附录三
存在的定义

用量子力学的语言来定义存在：可完整地由一个量子态向量表达的态本身就是一个存在。这可能是目前关于"存在"最具可操作性的、最清晰的定义。其他关于存在定义都可能会导致最终指代的不明确。

不依赖个体的严格存在只有一个：包含所有的那个存在或叫整个宇宙。但根据第四章属性公理的推论，它不可描述。不依赖个体的严格存在只有一个，是因为任何小系统都极难写成独立的一个量子态，或它与环境的量子纠缠熵不可能一直严格为 0。

依赖个体的严格存在就是每个人的一系列意识体验本身。在第四章的意识理论里，这些意识体验的确可严格表达成独立的量子态向量，因此按照存在的定义，它是个存在。

注意，笔者认为纯粹的关系与数不能称为存在。因此，笔者反对柏拉图等人的观点。

在量子力学的框架下，可定义非严格意义的存在，或定义某事物或系统的实在程度。将一个事物的实在程度定义为 1，减去它的平均纠缠熵与此事物最大可能纠缠熵之间的比值：

附录三 存在的定义

$$\gamma = 1 - \frac{\langle S \rangle}{S_{Max}} = 1 + \frac{\langle \mathrm{Tr}\rho\ln\rho \rangle}{\ln N_\rho}$$

上式第二个等号用密度矩阵 ρ 重新表达实在程度,其中 N_ρ 为密度矩阵的维度。

比如,一个系统平均纠缠熵一直严格为 0,那么它的实在度为 1,它不跟环境纠缠。如果一个系统自由度高,很复杂,那么它的最大可能纠缠熵非常非常大,但它的时间平均纠缠熵很小,因此它的实在程度也趋于 1,这也是为什么宏观事物可认为近似存在的原因。基本可认定,最大可能纠缠熵与系统的质量有密切关系,而平均纠缠熵可能相当于系统与环境的平均相互作用能。

附录四
数学公理化、集合论与素数分布

主要介绍意识科学涉及的一些数学基础知识。不过由于篇幅关系，只介绍大学本科课程中较少涉及的内容，对于诸如微积分、线性代数和复变函数等相关知识，此处将不作介绍。

A4.1 数学公理相关的基础知识

要弄清楚这个问题，首先需要回答：为什么要公理化？许多人认为研究意识应该比物理学还远离数学，为什么物理学都还没公理化而意识研究反而需要公理化的思维方式？

虽然乍一看意识研究更远离较纯粹的数学。意识确实相当复杂，但是不可否认意识在某种层面上相当根本，比如很多哲学家都认为即便客观世界是种幻觉，但意识体验却是真实存在的。同时意识体验似乎是唯一在某种意义上具有绝对化的事物，不需要参照物。因此，既然意识是根本的东西，那么它必然也必须有某种简单性，或者说"生成"它的基本原则应该相当简单，至少笔者坚信任何根本的东西不可能复杂。

基于这点，笔者认为用公理化的思维方式研究意识非常必要。

下面，我们将比较一下古希腊时期的几何公理与希尔伯特几何公理的差异，以分析公理的一些特征。

欧几里得几何的五条公理是：

（1）从一点向另一点可以引一条直线。

（2）任意线段能无限延伸成一条直线。

（3）给定任意线段，可以以其一个端点作为圆心，该线段作为半径作一个圆。

（4）所有直角都相等。

（5）若两条直线都与第三条直线相交，并且在同一边的内角之和小于两个直角，则这两条直线在这一边必定相交。（摘自维基百科）

可以看出除了第五条公理不那么明晰，其他四条公理都相当地直观。

一开始数学家们试图用前四条公理证明第五公理，都没有成功。直至19世纪，通过构造非欧几何证明了第五公理不能被证明。

另外，欧几里得公理也不完备，因为它证明不了下面这个显然易见的定理：在任意直线段上可作一等边三角形。因为虽然可以通过线段的两端分别作一个圆，但欧氏公理不能保证这两个圆有交点。

后来许多人对欧氏公理系统进行了改进，比如希尔伯特提出了几何公理系统。他的公理系统主要有三个原始概念和三个原始关系。

三个原始概念：点、线、面。三个原始关系：在……之间，在……之上，合同于。

注意，这些原始概念及原始关系原则上可以用其他事物代替，不会有问题。**这些原始概念和原始关系的确切含义及所有含义（或定义）都包含于下面的公理之中，不能赋予这些概念和关系超出这些公理的含义。**

第一组结合公理

Ⅰ1 对于任意两个不同的点 A、B，存在着直线 a 通过每个点 A、B。

Ⅰ2 对于任意两个不同的点 A、B，至多存在着一条直线通过每个点 A、B。

Ⅰ3 在每条直线上至少有两个点；至少存在着三个点不在一条直线上。

Ⅰ4 对于不在一条直线上的任意三个点 A、B、C，存在着平面 α 通过每个点 A、B、C。在每个平面上至少有一个点。

Ⅰ5 对于不在一条直线上的任意三个点 A、B、C，至多有一个平面通过每个点 A、B、C。

Ⅰ6 如果直线 a 上的两个点 A、B 在平面 α 上，那么直线 a 上的每个点都在平面 α 上。

Ⅰ7 如果两个平面 α、β 有公共点 A，那么至少还有另一公共点 B。

Ⅰ8 至少存在着四个点不在一个平面上。

第二组顺序公理

Ⅱ1 如果点 B 在点 A 和点 C 之间，那么 A、B、C 是一条直线上的不同的三点，且 B 也在 C、A 之间。

Ⅱ2 对于任意两点 A 和 B，直线 AB 上至少有一点 C，使得 B 在 A、C 之间。

Ⅱ3 在一条直线上的任意三点中，至多有一点在其余两点之间。

Ⅱ4 设 A、B、C 是不在一条直线上的三个点；直线 a 在平面 ABC 上但不通过 A、B、C 中任一点；如果 a 通过线段 AB 的一个内点，（①线段 AB 的内点即 A、B 之间的点。）那么 a 也必通过 AC 或 BC 的一个内点［巴士（Pasch，1843—1930）公理］。

第三组合同公理

Ⅲ1 如果 A、B 是直线 a 上两点，A′是直线 a 或另一条直线 a′上的一点，那么在 a 或 a′上点 A′的某一侧必有且只有一点 B′，使得 A′B′≡AB。又，AB≡BA。

Ⅲ2 如果两线段都合同于第三线段，这两线段也合同。

Ⅲ3 设 AB、BC 是直线 a 上的两线段且无公共的内点；A′B′、B′C′ 是 a 或另一直线 a′ 上的两线段，也无公共的内点。如果 AB≡A′B′，BC≡B′C′，那么 AC≡A′C′。

Ⅲ4 设平面 α 上给定 ∠（h，k），在 α 或另一平面 α′ 上给定直线 a′ 和 a′ 所确定的某一侧，如果 h′ 是 α′ 上以点 O′ 为端点的射线，那么必有且只有一条以 O′ 为端点的射线 k′ 存在，使得 ∠（h′，k′）≡∠（h，k）。

Ⅲ5 设 A、B、C 是不在一条直线上的三点，A′、B′、C′ 也是不在一条直线上的三点，如果 AB≡A′B′，AC≡A′C′，∠BAC≡∠B′A′C′，那么 ∠ABC≡∠A′B′C′，∠ACB≡∠A′C′B′。

第四组平行公理

过定直线外一点，至多有一条直线与该直线平行。

第五组连续公理

Ⅴ1 如果 AB 和 CD 是任意两线段，那么以 A 为端点的射线 AB 上，必有这样的有限个点 A1，A2，…，An，使得线段 AA1，A1A2，…，An－1An 都和线段 CD 合同，而且 B 在 An－1 和 An 之间（阿基米德公理）。

附录四 数学公理化、集合论与素数分布

V2 一直线上的点集在保持公理Ⅰ1，Ⅰ2，Ⅱ，Ⅲ1，Ⅴ1的条件下，不可能再行扩充。

虽然上述公理非常啰唆，但仔细研读还是会有大的收获。研读的时候谨记这段话：**这些原始概念和原始关系的确切含义及所有含义（或定义）都包含于下面公理之中，不能赋予这些概念和关系超出这些公理的含义。**

你可以先尝试严格用这些定理证明之前在欧氏公理中不能证明的定理："在任意直线段上可作一等边三角形。"

证明过程中请注意，不能使用任何直觉或超出上述公理的定理。每一步的依据都必须清晰。

另外，如果你知道康托的集合论的话，你应该知道直线上的点的数目应该和实数的数目一样多，你可以试图用连续公理证明一下，看它是否能保证直线上的点的数目的确这么多，不然这些公理就会漏算一些点。（下一小节会继续这个话题）。

通过上述训练，你或许会逐渐有以下的体会。

（1）首先，其实点线面这些概念可以用比如椅子、桌子、杯子来替换。说明关系是最重要的。

（2）其次，容易发现这些公理基本都很简单，而简单的东西不容易错。这或许可借鉴到意识科学和物理学。当然物理学公理化已经包含在希尔伯特23个问题之中，但这里指的应该是物理学的哲学严密

化，而之前其他科学家大多做的仅仅是在不改动物理内容的前提下，对物理学叙述形式进行公理化，这样意义不大。

（3）最后，公理除了表明这些几何概念有何种性质之外，其实也定义了它们。

当然，对公理系统最基本的要求是其中没有悖论，再次是完备性。但 1936 年，哥德尔的定理表明任何公理系统都是不完备的，即存在不能被证明也不能被证伪的命题。如果把此不能被证明也不能被证伪的命题的正命题或否命题再作为公理加入原理的公理系统，那么就可以构成一个新的公理系统，但在新的公理系统中仍然存在不能被证明也不能被证伪的命题。

不完备定理表明了某种无奈，但并非不可接受。

很多科学家或哲学家都对不完备定理表现出无穷的兴趣，觉得它可能是解决意识问题的关键。但笔者个人觉得不必过度解读不完备定理。

A4.2　集合论

笔者初中学集合论时候，真的没搞明白发明集合论功用是什么，因为它太直白了，太简单了，简单到丝毫没有一点转弯抹角。考试时出的题经常是集合 A = {鸡, 鸭}，B = {狗, 猪, 椅子}，求 A 与 B 的并集。当时实在搞不懂数学家为什么要弄出如此显而易见，如此简单的数学来。

后来读数学史才知道，集合论居然是整个数学大厦的基础，好像比什么都厉害。这有点相当于剑客学剑，小时候总是喜欢学些花样的招式，到后来逐渐悟到剑道之后，剑的招式反而简单了。

近年来，我才悟到只有用最简单的数学构造来作数学的基础，然后再用逻辑演绎往下推演，如此这般建立起来的数学大厦才会真正牢固，如果基础本身就复杂，那么它就容易夹杂许多直观的东西，这样极其容易犯错。

本书意识理论中，存在一些集合论公理化的影子，如果能够深刻地理解集合论形式公理，那么也就容易理解本书的意识理论，而且将来也可以仿照集合论来改进本书意识理论。

现在，我们先来看一下康托的集合论（Naïve Set Theory）。

A4.2.1 朴素集合论

朴素集合论是在数学基础的讨论中使用的几套理论之一。与使用形式逻辑定义的公理集合论不同，朴素集合论采用自然语言定义（因此它没有对应的严格的公理化描述）。它描述了离散数学中熟悉的数学集的各个方面（例如维恩图和关于它们的布尔代数的符号推理），并且足以满足当代数学中集合理论概念的日常使用。

在19世纪后期，康托和弗雷格分别独立提出了朴素集合论。

在朴素集合论中，一个集被描述成由一系列物体组成确定的集合（well-defined collection）。这些物体又被称为元素或集合的成员。集合的成员可以是任何事物，比如数字、人、其他集合。另外，集合成员的个数可以是无穷多个。集合的定义的明确主要得归功于康托。

他这样定义集合

"A set is a gathering together into a whole of definite, distinct objects of our perception or of our thought – which are called elements of the set."

另外，集合论的其他一些概念有：子集、空集、集合的交集、并集和补集。

朴素集合论的悖论：

朴素集合论悖论的来源主要是集合不受约束的构成法则：

> 假如 P 是一个性质，则存在一个集合，其元素都具有性质 P，即 $Y = \{x \mid P(x)\}$。

而早期的悖论的表现形式主要有以下几个：

1、不存在包含所有序数[①]的集合（Burali-Forti paradox）

---

① 关于序数、基数的定义及这几个悖论的论述可以查看 Wiki 上的相关内容。

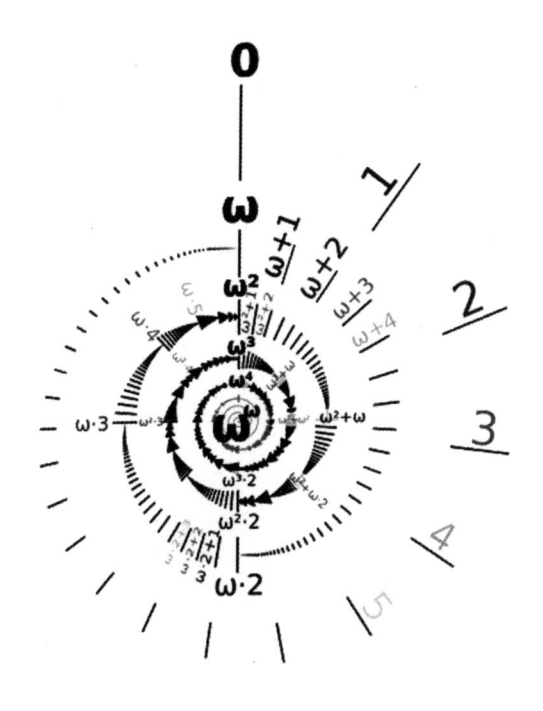

附录四 数学公理化、集合论与素数分布

0 至 ω^ω 可数序数可视化（来源 WIKI）

2、不存在包含所有基数的集合（康托悖论）

3、不存在包含一切的集合（普适集合悖论）

4、不存在包含所有不属于自己的集合的集合。（罗素悖论）

上述悖论可以通过对集合定义适当约束得到解决：

假如 P 是一个性质,对任何已知集合 X 存在一个集合 Y,使得其元素都具有性质 P 同时属于集合 X。

因此很明显,上述定义首先限定:根据性质 P 构造新的集合时必须从某已知集合中构造。但这带来一个明显的后果是:

包含所有集合的集合不存在。即不存在宇宙。

A4.2.2　ZFC 集合论（Zermelo - Fraenkel set theory）

策梅洛 - 弗兰克尔集合论（Zermelo - Fraenkel Set Theory）包含选择公理时通常简写成 ZFC 集合论,是最常用的集合论形式公理,它可避免出现罗素悖论,但它与连续统假设是独立的。它包括以下公理。

1. 外延公理

如果两个集合有相同的元素,则称两个集合相等。

2. 正规公理

每个非空集合 A 都包含一成员 B,使得 A 和 B 不相交。

附录四 数学公理化、集合论与素数分布

3. 分类公理

假设 z 为一个集合,且 f 为任一个描述 z 内元素 x 的特征的性质,则存在 z 的子集 y,包含 z 内满足这个性质的 x。这个"限制"可用来避免罗素悖论之类的悖论。更形式化地说,令 φ 为 ZFC 语言中的任一公式,具有 $x, z, w_1, .., w_n$ 等自由变数(即 y 在 φ 内不是自由的),则

$$\forall z \forall w_1 \ldots w_1 \exists y \forall x \ [x \in y \Leftrightarrow (x \in z \wedge \varphi)]$$

这个公理是 Z 的一部分,但在 ZF 中就显得多余,因为它可以由替代公理和空集公理中导出。

由分类公理构成的集合通常使用集合建构式符号来标记。给定一集合 z 和具有一自由变数 x 的公式 $\varphi(x)$,则由所有在 z 内,满足 φ 的 x 所组成的集合,标记为 $\{x \in z: \varphi(x)\}$。

4. 配对公理

若 x 和 y 是集合,则存在一个集合包含 x 和 y。

这个公理是 Z 的一部分,但在 ZF 中就显得多余,因为它可以由将替代公理应用至任意有两个成员的集合上导出。此类集合的存在性可由将无穷公理或幂集公理应用两次至空集上得到。

5. 联集公理

对任一个集 F,总存在一个集合 A,包含每

个为 F。的某个成员的成员的集合。

6. 替代公理

令 f 是 ZFC 语言内的任意公式,其自由变数 x, y, w_1, .., w_n,但 B 在 f 则不是自由的。则有

$$\forall A \forall w_1...w_n \ [\forall x \ (x \in A \Rightarrow \exists ! \ y\varphi)] \Rightarrow \exists B \forall x \ (x \in A \Rightarrow \exists y \ (y \in B \land \varphi))]$$

若一个可定义的函数 f 的定义域为一集合,且对定义域的任一 x,f(x) 也都是集合,则 f 的值域会是一个集合的子集。这个限制被需要用来避免一些悖论。

7. 无穷公理

$S(x) \equiv x \cup \{x\}$,其中 x 为某集合,则存在一个集合 X,使得空集为 X 成员,且当一个集合 y 为 X 的成员时,S(y) 也会是 X 的成员。

较口语地说,存在一个有无限多成员的集合 X。满足无穷公理的最小集合 X 为冯诺伊曼序数 ω,这个序数也可想成是自然数的集合 N。

8. 幂集公理

令 $z \subseteq x$ 为 $\forall q \ (q \in z \Rightarrow q \in x)$。对任一集合 x,皆存在一个集合 y,为 x 幂集的父集。x 的幂集为一个其成员为所有 x 的子集的类。

9. 良序定理

对任一集合 X,总存在一个可良好排序 X 的二元关系 R。这意指著,R 是 X 上的全序关

系，且 X 内每个非空子集在 R 下都有一个最小元素。

若给定前八个公理，就可以找到许多个和第九个公理等价的叙述，最著名是为选择公理，其叙述如下：令 X 为一非空集合，则存在一从 X 映射至 X 内成员的联集的函数（称为"选择函数"），可使得对所有的 Y $\in$ X 都会有 f（Y）$\in$ Y。因为当 X 为有限集合时，选择函数的存在性很容易由前八个公理中证出，所以选择公理只在无限集合中有意义。选择公理被认为是非建构的，因为它只声明一个选择集合的存在，但完全不讲这个选择集合是如何被"建构"出来的。

A4.3 素数分布

希尔伯特 23 个数学问题中，第 6 个问题或许是其中最难的一个问题，它是三个关于素数的问题。其中第一个是黎曼猜想（跟素数的分布有关），第二个为哥德巴赫猜想（任何大于 2 的偶数皆可表达成两个素数之和，简称"1 + 1"，陈景润证明了"1 + 2"），第三个问题是孪生素数问题（存在无穷多个相隔为 2 的孪生素数对，2013 年张益塘证明了存在无穷多间隔为 7000 万的孪生素数对，一年后陶哲轩开始的 Polymath 计划将间隔降至 246）。

因为素数不可分的属性与意识主体不可分（见 3.3 节的讨论）的属性非常类似。因此素数相关的知识或许有助于我们以后更好地掌握意识的特性。

黎曼猜想是黎曼关于 $\zeta(s)$ 函数零点分布的一个猜想。$\zeta(s)$ 函数的表达式是

$$\zeta(s) = \frac{1}{1^s} + \frac{1}{2^s} + \frac{1}{3^s} \cdots$$

此函数在任何复数 $s \neq 1$ 上有定义。它的平凡零点为负偶数。

黎曼猜想 $\zeta(s)$ 函数的非平凡零点的实数部分是 1/2（下图来源 WIKI）。

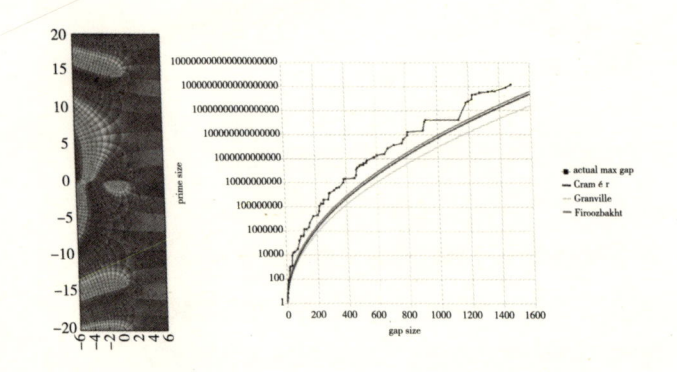

后来许多定理的证明都依赖于黎曼猜想。因此，许多人都尝试过证明它，皆未获得成功，目前它也是 Clay 数学中心千禧大奖的题目之一。

而数学上已经验证了超过 10000000000000 零点的确在实数为 1/2 的轴上。

附录四 数学公理化、集合论与素数分布

黎曼猜想跟素数定理或素数的分布有着密切的联系。比如如果黎曼猜想正确的话，它表明小于某个数 x 的自然数中素数的个数 $\pi(x)$ 满足以下关系：

$$\left| \pi(x) - \int_2^x \frac{dt}{\ln t} \right| < \frac{1}{8\pi}\sqrt{x}\ln(x)$$

而对数积分函数大致近似为

$$\text{Li}(x) = \int_2^x \frac{dt}{\ln t} = \frac{x}{\ln x} + \frac{x}{(\ln x)^2} + \frac{2x}{(\ln x)^3} + \frac{6x}{(\ln x)^4} + \cdots$$

这样 $\pi(x)$ 更粗的近似是（素数定理）$\pi(x) \sim x/\ln x$。

而克莱莫猜想可用于估计两个素数间的距离：

$$p_{n+1} - p_n = O((\ln p_n)^2)$$

上面的素数的分布定理对于大致估计意识粒子内在自由度的量级非常重要，它甚至表明，低等动物极容易出现几个动物共用一个意识粒子的情形，故它产生的生理上的后果是巨大的。而孪生素数猜想表明相隔为 2 的素数对有无穷多个，因此如果人类的意识粒子内在自由度最好要远离这些孪生素数对，不然容易出现人格分裂的症状。其最好分布均匀一点，刚好大致等于克莱莫猜想的表达式。

最后梅森素数也会与意识的产生有点关系。梅森素数是比 2 的某次幂小 1 的素数。而意识粒子的自由度是某个素数，它应该在某个自然数的某次幂附近，

写成：

$$P = f^n + m$$

其中 m 是某个比较小的自然数，我们或许可以称此素数为类梅森意识素数。

附录五
研究意识的现象学方法论

大致比较一下此书所用的研究方法与传统科学的研究策略和现象学的研究策略的区别与联系。

我们的研究对象（或许有一些是构造出来的）主要有三个：意识主体 M，现象流或意识体验流 P 和外部客体世界 W。其中外部客体世界 W 包括身体大脑本身。对于笛卡尔而言，他一开始认为只有 P 是真实存在的。然后我们可以在 P 的内在结构的基础上，依据逻辑推理构造不同的 (M_1, W_1)，(M_2, W_2)……其中，有些意识主体客观世界属于过分构造，即包含了过多地冗余信息，或许存在一个最经济且自洽的构造，一般人们将此构造当成是所谓世界本来的面貌，但许多哲学家认为不存在所谓世界本来的面貌。**上面的过程可以写成 P→（M，W）（暂且称之为笛卡尔认知论）。**

而现象学认为，实行上面的过程之前，我们还需要先"纯化"P。由于我们从小就不断地获得"常识"，从而心中已经有一个 (M_x, W_x)，人们容易用这个 (M_x, W_x) 体验内容去代替体验本身 P，而现象学认为 (M_x, W_x) 已经包含了一系列的逻辑推理与建构，因此需要通过剔除其中的逻辑推理与建构，还原出体验本身 P。然后，现象学认为只有先得到"纯"的 P 之后，再去构造 (M, W) 才有可能得到与 P 更为自洽的 (M, W)。**即在现象学中 (M_x, W_x) → P → (M, W)。**

而传统的科学或物理学不太可能基于体验 P 的内在结构来构造 (M, W)，因为这样难度太大。它往往是先大致推测一个 W，然后通过预测后续的体验流 P（未来）来验证 W 的正确性并确保 W 的正确性，若此正确性极高就称 W 与 P 有着高度的自洽性。科学家后来发现，由于 W 的数学结构比较完美，且 W 与 P 非常自洽，因此，就如笛卡尔认为的 W 的自洽性与它数学结构的完美性说明了上帝的完美性，这种完美性使得我们不得不认为 W 是真实存在的。在这里，我不打算讨论 W 的客观性。**简言之，在物理学中是 W → P，或在现象学眼中物理学是 W → (M_x, W_x)（即现象学认为物理学中的 P 没有纯化）。**

同样，本书并没有完全"采用体验 P → (M, W)"的研究策略。我也是先构造某个 (M, W)。注意，与物理学不一样的是，这里必须将意识主体考虑进来，然后再在 (M, W) 上定义什么是体验 P'，即 (M, W) → P'。注意如此定义出来的 P' 只是 P 的一个近似，并不是真正的 P，反复调节 (M, W) 直至得到的 P' 尽量接近 P。当然这个研究策略很抽象，具体可参考第十章。**简言之，在本书的意识科学理论**

中是（M, W）→P，或在现象学眼中我的意识科学是（M, W）→（M_x, W_x）。

当然，未来的意识科学理论应该按照以下的纲领来构建（见图 4-1 附近的论述）。先假设存在一系列先验体验流，并将其映射至一组量子态，然后用这组量子态叠加成一个称为"所有"的 D，再将这个"所有"分裂成意识主体 M 和其相伴的世界 W，最后用 M 和 W 构造 M 的意识流 P'，即 $P→\{D_k\}→D→M+W→P'$。并说明体验 P 与 P' 可一一对应（自洽）。第一个箭头表示所有可能的体验片段或先验的体验流映射到一组量子态基底，第二个箭头表示用此基底可构造一个包含所有的量子态，第三个箭头表示通过分裂产生意识主体 M 及其相伴的世界 W，最后一个箭头表示用 M 和 W 来定义 M 的体验流 P'。

图书在版编目(CIP)数据

沉默的艺术:意识科学基础理论/李剑锋著.--北京:社会科学文献出版社,2018.8
ISBN 978-7-5201-2979-4

Ⅰ.①沉… Ⅱ.①李… Ⅲ.①意识论 Ⅳ.①B016.98

中国版本图书馆 CIP 数据核字(2018)第141946号

沉默的艺术
——意识科学基础理论

著　　者	/ 李剑锋
出 版 人	/ 谢寿光
项目统筹	/ 袁清湘　张博群
责任编辑	/ 赵怀英　张馨月
出　　版	/ 社会科学文献出版社·独立编辑工作室 (010) 59367202 地址:北京市北三环中路甲29号院华龙大厦 邮编:100029 网址:www.ssap.com.cn
发　　行	/ 市场营销中心 (010) 59367081　59367018
印　　装	/ 三河市东方印刷有限公司
规　　格	/ 开 本:880mm×1168mm　1/32 印　张:8　字　数:151千字
版　　次	/ 2018年8月第1版　2018年8月第1次印刷
书　　号	/ ISBN 978-7-5201-2979-4
定　　价	/ 59.00元

本书如有印装质量问题,请与读者服务中心(010-59367028)联系

版权所有 翻印必究